法

法治热点面对面

★ 中共中央宣传部理论局

学习出版社
人民出版社

出版说明

为深化党的十八届四中全会精神的学习宣传贯彻，帮助人们更好地领会全面推进依法治国的各项决策部署，我们在深入调研的基础上，组织中央有关部门和专家学者撰写了2015年通俗理论读物《法治热点面对面》。本书紧密联系当前我国法治建设实际，对干部群众普遍关注的10个热点问题，作出了深入浅出的解读阐释，观点权威准确，语言通俗易懂，文风清新简洁，是干部群众、青年学生进行理论学习和开展形势政策教育的重要辅导读物。

中共中央宣传部理论局

2015年1月

目 录

1

法治中国的新航标

——怎样理解全面推进依法治国总目标

2014年岁末，“汉语盘点2014”活动评选结果揭晓，“法”字荣膺中国年度汉字，反映出全社会对法治建设的高度关注。这一年，必将因中国共产党十八届四中全会的召开，在中国法治建设史上镌刻下闪光的历史标注。全会通过的《中共中央关于全面推进依法治国若干重大问题的决定》（以下简称《决定》），提出了建设中国特色社会主义法治体系、建设社会主义法治国家这一全面推进依法治国的总目标。这个总目标，是贯穿全会精神的一条主线，描绘了法治中国建设的美好前景，对全面推进依法治国具有纲举目张的意义。

一 为何要全面推进依法治国

党的十八届四中全会专门研究法治建设问题，就全面推进依法治国作出决定，这在我们党和国家的历史上还是第一次。以此为里程碑，行进在复兴之路上的中国，进入全新的“法治时间”。为什么要把法治建设提到如此突出的位置？如何认识全面推进依法治国的重大意义呢？

这是历史的深刻启示。综观世界近现代史，凡是顺利实现现代化的国家，都较好地解决了法治和人治问题。相反，一些国家陷入这样那样的“陷阱”，没有顺利迈进现代化门槛，很大程度上与法治不彰有关。世界社会主义发展史上，不少国家

链接

中外法治格言

◎ 法者，治之端也。——荀况（战国）《荀子·君道》

◎ 法令者，民之命也，为治之本也。——商鞅（战国）《商君书·定分》

◎ 国无常强，无常弱。奉法者强则国强，奉法者弱则国弱。——韩非（战国）《韩非子·有度》

◎ 法律是一切人类智慧聪明的结晶，包括一切社会思想和道德。——柏拉图（古希腊）

◎ 真想解除一国的内忧应该依靠良好的立法，不能依靠偶然的机会。——亚里士多德（古希腊）

◎ 带来安定的是两种力量：法律和礼貌。——歌德（德国）

没能解决好法治和人治的问题，没能跳出“人存政举，人亡政息”的人治怪圈。从我们自己来说，新中国成立以来既吃过破坏法治的苦头，也尝到了法治昌明的甜头。历史深刻启示我们，法治是治国理政的基本方式。在我们这样一个13亿多人口、56个民族的大国，要保证国家统一、法制统一、政令统一、市场统一，实现经济发展、政治清明、文化昌盛、社会公正、生态良好，必须秉持法律这个准绳、用好法治这个方式。

这是现实的迫切要求。当前，中国正经历空前深刻的社会

图说

依法治国是党领导人民治理国家的基本方略

1997年，党的十五大明确把依法治国确立为党领导人民治理国家的基本方略，提出建设社会主义法治国家的重大任务。图为2009年10月1日首都各界庆祝中华人民共和国成立60周年大会上，群众游行队伍“依法治国”方阵行进在长安街上。

变革。要在纷繁复杂的社会中保持稳定的秩序，在各方竞逐的市场领域维护公平的规则，在意见碰撞的观念世界坚守文明的底线，必须织密法治之网、强化法治之力。“以律均清浊，以法定治乱。”只有在法治轨道上统筹社会力量、平衡社会利益、调节社会关系、规范社会行为，化解各种社会矛盾和问题，才能顺利推进全面深化改革进程，确保我国社会在深刻变革中既生机勃勃又井然有序。

这是长远的战略谋划。现在距全面建成小康社会还有 5 年时间，只要国际国内不发生大的波折，经过努力，这一目标应该可以如期实现。但“不谋万世者，不足谋一时”，“第一个一百年”奋斗目标实现后，我们还要向着“第二个一百年”奋斗目标前行，还会遇到各种可以预料和难以预料的风险挑战，还将应对可能更为复杂的局面和问题。之后的路该怎么走？如

图说

各地认真学习党的十八届四中全会精神

党的十八届四中全会闭幕后，各地采取各种形式，认真学习党的十八届四中全会《决定》和习近平总书记重要讲话精神。图为天津市和平区兆丰路社区开展党员群众学习党的十八届四中全会精神活动。

何跳出“历史周期率”，实现长期执政？如何实现党和国家长治久安？只有靠法治，才能为党和国家事业发展提供根本性、全局性、长期性的制度保障。我们党提出全面推进依法治国，坚定不移厉行法治，一个重要意图就是为民族复兴筹、为子孙后代计、为长远发展谋。

正因为如此，党的十八届四中全会强调，依法治国事关党执政兴国，事关人民幸福安康，事关党和国家长治久安。我们应该从这样的高度，充分认识全面推进依法治国的重大现实意义和深远历史意义，高高扬起依法治国的旗帜。

二 怎样把握总目标的内涵

党的十八届四中全会明确提出了全面推进依法治国的总目标，这就是：建设中国特色社会主义法治体系，建设社会主义法治国家。在这个总目标中，社会主义法治国家为我们描绘了宏伟蓝图，指明了前进方向；中国特色社会主义法治体系则为我们绘制出路线图，指明了具体路径。这两句话是有机统一的整体，离开了哪一句都不行。

如果把建设法治中国看作建设一座恢宏的大厦，我们对全面推进依法治国总目标的丰富内涵，就可以从这样几个方面来认识和把握。

一是奠定了法治中国大厦的“三大基石”。这就是坚持中

全面推进依法治国的总目标

建设中国特色社会主义法治体系，建设社会主义法治国家

三大基石→	坚持中国共产党领导	坚持中国特色社会主义制度	贯彻中国特色社会主义法治理论		
五大支柱→	法律规范体系	法治实施体系	法治监督体系	法治保障体系	党内法规体系
施工方案→	坚持依法治国、依法执政、依法行政共同推进	坚持法治国家、法治政府、法治社会一体建设			
效果图→	实现科学立法、严格执法、公正司法、全民守法，促进国家治理体系和治理能力现代化				

国共产党领导，坚持中国特色社会主义制度，贯彻中国特色社会主义法治理论。这三句话，明确了全面推进依法治国的领导力量、制度基础、理论指导，实质上是中国特色社会主义法治道路的核心要义，是实现总目标必须牢牢把握的最根本的东西。

二是构筑了法治中国大厦的“五大支柱”。这就是形成五大体系，即完备的法律规范体系、高效的法治实施体系、严密的法治监督体系、有力的法治保障体系以及完善的党内法规体系。这个“4+1”组成的五大体系，涵盖了法律制定与法律实施、法治运行与保障机制、依法治国与从严治党等各个层面、各个环节，是中国特色社会主义法治体系的具体展开和有力支撑。

三是设计了法治中国大厦的“施工方案”。这就是坚持依法治国、依法执政、依法行政共同推进，坚持法治国家、法治政府、法治社会一体建设。全面推进依法治国是一项庞大的系统工程，涉及国家治理、执政、行政等问题，涉及党、国家、公民等不同的行为主体，应该如何推进、如何实施呢？必须统筹兼顾、突出重点、整体谋划，在“共同推进”上着力，在“一体建设”上用劲，更加重视法治建设的全面、协调发展，更加重视调动各方面的积极性主动性。

四是描绘了法治中国大厦的“效果图”。法治建设既是法治本身的“自转”，也是围绕中国特色社会主义事业的“公转”。通过法治建设，我们要取得什么样的效果呢？从法治建设本身看，就是要实现“科学立法、严格执法、公正司法、全民守法”的目标；从中国特色社会主义事业大局看，就是要着眼于更好更优的国家治理，为全面建成小康社会、全面深化改革、全面从严治党提供有力的法治保障。

法治中国大厦的地基夯实了，支柱立起来了，按照施工方案科学操作、加紧推进，美丽的“效果图”就一定能变为现实，这座恢宏大厦必将巍然耸立起来。

三 提出总目标的意义何在

目标犹如一面旗帜，旗帜高高扬起来了，才能凝聚人心、引领方向。全面推进依法治国，只有总目标明确，才能汇磅礴之力、收长远之功。

从党的十一届三中全会开启法治建设新征程，到党的十五大确立依法治国基本方略；从党的十六届四中全会将依法执政确立为党执政的基本方式，到党的十八大提出法治是治国理政的基本方式，我们党对法治地位和作用的认识在不断深化。党的十八届四中全会提出全面推进依法治国的总目标，具有重要战略意义。这表明，我们党对社会主义法治建设有了更加完整系统的规划，对治国理政的规律有了更加准确的把握。

微评

- 法治是指引中国改革这艘航船在风雨中不变航向的灯塔，是守护30多年改革成果不被蚕食的卫士。
- 党的十八届四中全会《决定》对全面推进依法治国作出全方位部署，这无疑是依法治国的“升级版”。
- 以改革破除利益藩篱，以法治减少社会震荡，是适应新常态、推动中国现代化进程的基本保障。

它是凝聚思想共识的法治航标。这个总目标鲜明回答了我国法治建设将往哪儿走、怎么走这一根本问题，向党内外、国内外释放了明确的信号。这有利于明确全面推进依法治国的根本目的和历史任务，有利于统一思想、凝聚全党全国各族人民在法治上的共识，也有利于回应国际社会各种质疑，澄清各种模糊认识，保障依法治国沿着正确的方向推进。

声音

中国特色社会主义法治体系是一个立体的、动态的、有机的完整体系

姜伟（中央政法委副秘书长）：中国特色社会主义法治体系包括立法、执法、司法、守法等各个环节，体现了法治的整体要求，通过“五大体系”即完备的法律规范体系、高效的法治实施体系、严密的法治监督体系、有力的法治保障体系、完善的党内法规体系建设，使依法治国的总目标让全党全国人民“看得见”“可操作”“能感受”“易评价”，可以成为总揽全局、牵引各方的总抓手。

它是法治中国建设的顶层设计。全面推进依法治国的工作千头万绪，涉及方方面面，必须有一个总抓手来总揽全局、牵引各方，使各项工作协同推进、形成合力。总目标明确了这个总抓手就是建设中国特色社会主义法治体系，依法治国各项工作都要围绕这个总抓手来谋划、来推进。它既切中时弊，直指我国法治建设面临的突出矛盾和问题；又对症下药，体现了推进各领域改革发展对提高法治水平的迫切要求。

它体现了国家治理总体战略的完善提升。全面深化改革和全面推进依法治国，是党的十八大作出的总体战略部署在时间轴上的顺序展开，两者相互衔接、相互促进，共同为实现全面建成小康社会提供动力支持和制度保障。建设中国特色社会主义法治体系，建设社会主义法治国家，本身就是全面深化改革的重要内容，而依法治国的全面推进，必将使中国特色社会主义制度更加完善、更加有效地推进国家治理体系和治理能力现代化。

四 实现总目标须有哪些遵循

当前，全面推进依法治国总目标已经明确，也就是说，目的地在哪儿，已经“定位”完毕，接下来就要一步一个脚印地走下去。正如人们在道路上行走要遵守交通规则，要看红绿灯、走斑马线，确保法治建设始终朝着正确方向前进，也离不开一些作为遵循的基本“规则”。

为顺利实现全面推进依法治国总目标，党的十八届四中全会《决定》明确提出了必须坚持的五个重要原则，即坚持中国

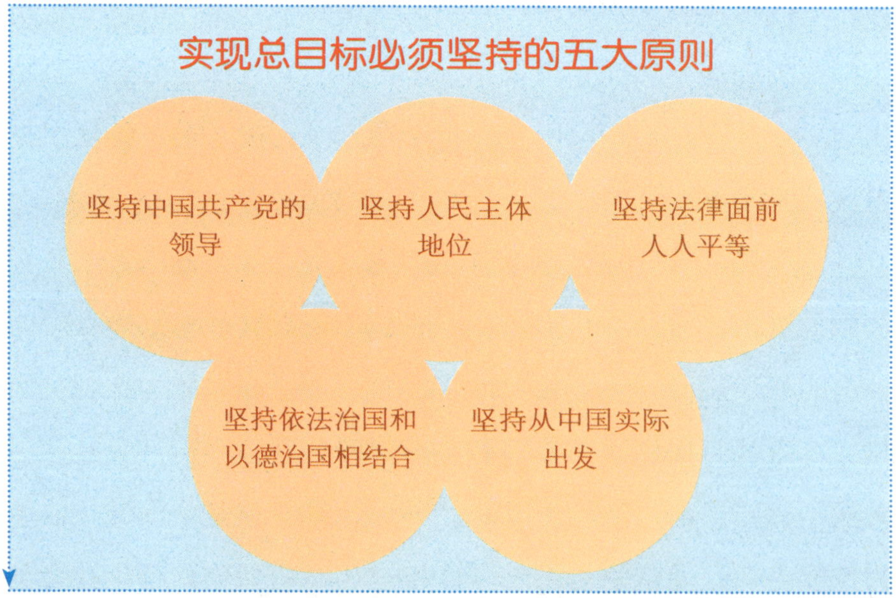

共产党的领导、坚持人民主体地位、坚持法律面前人人平等、坚持依法治国和以德治国相结合、坚持从中国实际出发。这五个重要原则，回答了社会普遍关心的法治领域许多重大问题，是全面推进依法治国的重要遵循。

坚持中国共产党的领导，这个原则强调的是政治保证问题。党的领导是中国特色社会主义最本质的特征，是社会主义法治最根本的保证。坚持党的领导，是社会主义法治的根本要求，是党和国家的根本所在、命脉所在，是全国各族人民的利益所系、幸福所系，是全面推进依法治国的题中应有之义。全面推进依法治国，要有利于加强和改善党的领导，有利于巩固党的执政地位、完成党的执政使命，决不是要削弱党的领导。要切实做到“三统一”“四善于”，把坚持党的领导贯彻到依法治国全过程和各方面，体现在党领导立法、保证执法、支持司法、带头守法上。

问与答

问：什么是“三统一”？

答：“三统一”，是必须坚持党领导立法、保证执法、支持司法、带头守法，把依法治国基本方略同依法执政基本方式统一起来，把党总揽全局、协调各方同人大、政府、政协、审判机关、检察机关依法依章程履行职能、开展工作统一起来，把党领导人民制定和实施宪法法律同党坚持在宪法法律范围内活动统一起来。

问与答

问：什么是“四善于”？

答：“四善于”，是善于使党的主张通过法定程序成为国家意志，善于使党组织推荐的人选通过法定程序成为国家政权机关的领导人员，善于通过国家政权机关实施党对国家和社会的领导，善于运用民主集中制原则维护中央权威、维护全党全国团结统一。

坚持人民主体地位，这个原则强调的是力量源泉问题。人民是我们国家和社会的主人，是全面推进依法治国的主体，必须坚持法治建设为了人民、依靠人民、造福人民、保护人民。要把体现人民利益、反映人民愿望、维护人民权益、增进人民福祉落实到依法治国全过程，使法律及其实施充分体现人民意志。要保证人民在党的领导下，依照法律规定，通过各种途径和形式管理国家事务，管理经济文化事业，管理社会事务。要充分调动人民群众投身依法治国实践的积极性和主动性，使尊法、信法、守法、用法、护法成为全体人民的共同追求。

坚持法律面前人人平等，这个原则强调的是价值追求问题。平等是社会主义法律的基本属性，是社会主义法治的基本要求。全面推进依法治国，必须把法律面前人人平等体现在立法、执法、司法、守法等各个方面，维护国家法制统一、尊严、权威。任何组织和个人都必须尊重宪法法律权威，都必须在宪法法律范围内活动，都必须依照宪法法律行使权力或权利、履行职责或义务，都不得有超越宪法法律的特权。要以约束和规范公权力为重点，加大监督力度，做到有权必有责、用权受监督、违法必追究，坚决纠正有法不依、执法不严、违法不究行为。

坚持依法治国和以德治国相结合，这个原则强调的是精神支撑问题。法律是成文的道德，道德是内心的法律，两者都具有规范社会行为、维护社会秩序的重要作用。全面推进依法治国，必须坚持一手抓法治、一手抓德治，实现良法和美德相辅相成、法治和德治相得益彰。要重视发挥法律的规范作用，通过法律强制力来确保道德底线，以法治体现道德理念、强化法律对道德的促进作用。要重视发挥道德的教化作用，大力弘扬社会主义核心价值观，弘扬中华传统美德，以道德滋养法治精神、强化道德对法治文化的支撑作用。

坚持从中国实际出发，这个原则强调的是现实选择问题。

图说

接受人民监督　确保司法公正

为加强对检察工作的监督，提高执法水平和办案质量，确保依法公正履行检察职能，最高人民检察院和很多地方人民检察院都建立了人民监督员制度。图为海南省海口市人民检察院向人民监督员发放聘书。

建设什么样的法治体系，实现什么样的法治目标，是由一个国家的基本国情所决定的。全面推进依法治国，必须以中国特色社会主义道路、理论体系、制度为根本遵循，立足我国基本国情，认真总结和运用党领导人民建设法治的成功经验，围绕社会主义法治建设重大理论和实践问题，推进法治理论创新，发展符合中国实际、具有中国特色、体现社会发展规律的社会主义法治理论。要汲取中华法律文化精华，借鉴国外法治有益经验，但绝不照搬外国法治理念和模式。

蓝图已绘就，目标在召唤。全面推进依法治国是国家治理领域一场广泛而深刻的革命，需要付出长期艰苦努力。只要我们把思想和行动统一到全会的重大决策部署上来，在党的领导下坚持依法治国、厉行法治，就一定能实现全面推进依法治国总目标，开创法治中国的新境界。

深阅读

《中共中央关于全面推进依法治国若干重大问题的决定》,《人民日报》2014年10月29日。

2

依法治国的康庄大道

——怎样理解法治建设要走自己的路

“鞋子合不合脚，自己穿了才知道。”法治是治国理政的基本方式，但一个国家实行什么样的法治模式，走什么样的法治道路，则必须与本国国情和社会制度相适应，穿“合脚的鞋”，走自己的路。党的十八届四中全会郑重提出，全面推进依法治国必须坚定不移走中国特色社会主义法治道路。这抓住了我国法治建设的根本，向国内外明确宣示了法治中国建设的方向。

一 为何法治建设首要的是走对路

我们都听过南辕北辙的寓言故事，它告诉人们：做任何事情，都要首先认准方向、找准道路，否则就会事与愿违，犯根本性的错误。法治建设也是如此。从世界范围看，有的国家找到了适合自己的法治道路，法治搞得比较好；而有的国家则没有走对路，法治建设搞得不成功，甚至导致国家动荡、发展停滞或倒退。

法治作为上层建筑，是由经济基础决定的，是一个国家在特定经济、政治和文化条件下的治国模式。世界上没有放之四海而皆准的法治道路。社会制度不同的国家，法治道路必然不同；社会制度相近但历史文化传统不同的国家，法治道路也不

链接

汉穆拉比法典

汉穆拉比法典，是古巴比伦国王汉穆拉比（约公元前1792—前1750年在位）颁布的法律汇编，是迄今世界上最早的一部完整保存下来的成文法典。法典包括序言、正文、结尾三部分。正文包括282条法律，涉及现代意义上的诉讼法、民法、刑法、婚姻法等内容。法典原文刻在一段高2.25米，上部周长1.65米，底部周长1.90米的黑色玄武岩石柱上，故又名“石柱法”。法典比较全面地反映了古巴比伦社会的情况，为后人研究古巴比伦社会经济关系和西亚法律史提供了珍贵史料。

会相同。说到底，每个国家的法治道路，是与各自的历史文化传统、社会条件等因素密切相关的。

对中国来讲，我们是一个有着五千年历史的文明古国，又是发展中的社会主义大国，具有独特的法治传统、独特的国情、独特的现实问题，这就决定了我们的法治建设必定要走自己的路。

我们的法治道路要扎根自己的传统。虽然中国几千年来人治传统根子很深，但我们的先人们很早就开始探索如何驾驭人类自身这个重大课题。春秋战国时期，中国就有了自成体系的成文法典，汉唐时期就形成了比较完备的法典，中华法系在世界几大法系中独树一帜。礼法合治、德主刑辅，礼乐刑政、综合为治，法不阿贵、刑无等级等法治思想影响深远。今天搞法治建设，应根植中国土壤，挖掘和传承中华法律文化精华，不能抛却，也无法抛却历史传统、割断文化血脉。

我们的法治道路要立足自己的国情。两千多年前，商鞅就说过，“为国也，观俗立法则治，察国事本则宜。不观时俗，不察国本，则其法立而民乱，事剧而功寡”。中国地域辽阔、民族众多、国情复杂，又正处于社会主义初级阶段，法治建设决不能罔顾国情、超越阶段。特别是经过长期实践探索，我们已经走出了一条自己的法治道路，取得法治建设的巨大成就，必须立足这个基础去不断发展完善。

我们的法治道路要解决自己的问题。治病要对症下药，射箭要有的放矢，法治建设也要着眼于解决问题，实现更好更优

链接

中华法系

中国的封建法律由战国至清经过两千多年的发展，形成了沿革清晰、特点鲜明的法律体系，被称为中华法系。中华法系有以下基本特点：以儒家思想为理论基础；维护封建伦理，确认家庭法规；皇帝始终是立法与司法的枢纽；官僚、贵族享有法定特权；诸法合体，行政机关兼理司法。中华法系与欧洲大陆法系、英美法系、伊斯兰法系、印度法系并称为世界五大法系，广泛地影响和传播到周边国家，并在相当长的时间里居于世界法制文明的前列。（参见《中国大百科全书》）

的国家治理。作为一个正在快速走向现代化的超大型国家，中国发展面临的问题的规模、复杂程度，是很多国家不曾遇到过的。从经济社会发展看，解决制约经济持续健康发展的问题，解决损害社会公平正义的问题，解决影响社会和谐的问题，都对法治建设提出更高要求；从法治建设本身看，还存在许多不适应、不符合的问题。在这种情况下，别人的经验固然可以参考，但说到底，针对自己病症的药方才最有效，走自己的法治道路才最管用。

总之，在法治问题上，没有最优模式，也没有“标准版本”，只有适合自己的选择。我们需要借鉴国外法治文明成果，但必须坚持以我为主、为我所用，不能搞“全面移植”、照搬照抄。

二 中国的法治道路是怎样走出来的

“看似寻常最奇崛，成如容易却艰辛。”中国特色社会主义法治道路，不是从其他国家搬过来的，也不是哪个人主观设计出来的，而是中国历史发展的必然选择，是法治建设艰辛探索的必然产物。

这条道路凝结着中国近代以来百余年的上下求索。鸦片战争后，为挽救民族危亡，无数仁人志士主张变法图强。很多人认识到中国落后的根源在于旧的制度和体制，试图学习、移植西方的法律制度，搞君主立宪、搞议会民主、搞五权分立等，但都遭到失败。直到中华人民共和国的成立和社会主义制度的确立，才为在新中国实行真正的法治奠定了根本的政治前提和制度基础。

这条道路凝结着新中国法制建设的艰辛探索。新中国成立后，在摧毁国民党旧法统的基础上，我们积极运用新民主主义

问与答

问：法治与法制有何区别？

答：法治与法制是既有区别又有联系的两个概念。法制是法律制度的简称，属于制度的范畴；而法治是法律统治的简称，是一种治国原则和方法，是相对于“人治”而言的。二者的联系在于：法制是法治的基础和前提条件，要实行法治，必须具有完备的法制；法治是法制的立足点和归宿，法制的发展前途必然是最终实现法治。

图说

新中国成立前夕制定具有临时宪法性质的《共同纲领》

1949年9月21日至30日，中国人民政治协商会议第一届全体会议在北平（今北京）召开，通过了具有临时宪法性质的《中国人民政治协商会议共同纲领》，彻底摧毁了国民党的旧法统，为新中国成立奠定了法律基础。

革命时期根据地法制建设的成功经验，推进社会主义法治，迅速制定了一批重要法律法规，制定颁布了第一部宪法，初步奠定了社会主义法治的基础。但后来，党在指导思想上发生“左”的错误，逐渐对法制不那么重视了。特别是“文化大革命”使法制遭到严重破坏，付出沉重代价。正反两方面的经验教训，使我们深刻认识到：人治的办法行不通，唯有法治才能实现国家长治久安。

这条道路凝结着改革开放以来法治建设的成功实践。党的十一届三中全会后，我们党痛定思痛，提出为了保障人民民主，必须加强法治，必须使民主制度化、法律化。我们把依法治国确立为党领导人民治理国家的基本方略，把依法执政确立为党治国理政的基本方式，推动党的执政理念和执政方式深刻转变；我们形成了中国特色社会主义法律体系，国家生活各个方面总体实现有法可依；我们大力推进法治政府建设，不断完善司法体制，持续开展全民普法……伴随改革开放的滚滚春潮，中国法治建设不断迈出新步伐，取得历史性成就。在这个过程中，我们不断深化对法治建设的规律性认识，形成了一系列行之有效的做法和宝贵经验。

可以说，在中国共产党领导下，经过几代人艰辛探索，实现了从“人治”到“法制”再到“法治”的飞跃。总结我国法治建设的成就，可以列出十几条、几十条，但归结起来，就是开辟了中国特色社会主义法治道路。这是我国法治建设成就和经验的集中体现，是建设社会主义法治国家唯一正确的道路。把全面推进依法治国这件大事办好，最重要的就是要坚持和走好这条法治道路。

当然我们也清醒地看到，中国法治建设还有很长的路要走，还需要不懈探索、不断完善。但我们坚信，只要认准前进方向，落实好全面推进依法治国的一系列重大部

微评

- 道路决定命运，道路引领未来。全面推进依法治国，必须走对路。如果路走错了，那就南辕北辙。
- 法律与语言、风俗等一样，都有自己的民族固有的特性，是民族精神的主要体现。
- “削足适履”只会适得其反，法治中国建设应当走自己的“中国路”。

声音

中国法治道路必须从实际出发

鲍绍坤（中国法学会副会长）：当前我们面临的最大实际，就是我国处于并将长期处于社会主义初级阶段的基本国情，就是改革进入攻坚期和深水区的重大考验，就是实现“两个一百年”奋斗目标和中华民族伟大复兴中国梦的光荣任务。我们要从这个最大的实际出发，坚持走中国特色社会主义法治道路，既与时俱进、体现时代精神，又不照抄照搬别国模式。

署，中国特色社会主义法治道路就将越走越宽广，中国法治建设就将不断迈向新的更高境界。

三 中国法治道路的核心要义是什么

现实生活中，道路是看得见、摸得着的，它沿着一定方向铺开，指引人们到达目的地。作为迈向法治中国的必由之路，中国特色社会主义法治道路指明了中国法治建设的目标和方向、经验和原则、任务和要求等，内涵十分丰富。要把握好这条道路，关键是要把握住它的核心要义。

中国特色社会主义法治道路的核心要义有三个方面：一个是坚持党的领导，一个是坚持中国特色社会主义制度，一个是贯彻中国特色社会主义法治理论。党的领导是中国特色社会主义最本质的特征，是社会主义法治最根本的保证；中国特色社会主义制度是中国特色社会主义法治体系的根本制度基础，是全面推进依法治国的根本制度保障；中国特色社会主义法治理论是中国特色社会主义法治体系的理论指导和学理支撑，是全面推进依法治国的行动指南。这三个方面，规定和确保了中国法治建设的内在属性和前进方向。

党掌舵领航。在中国，谁能担负起领导建设法治国家的重任呢？毫无疑问，只能是中国共产党。依法治国是我们党提出来的，把依法治国上升为党领导人民治理国家的基本方略也是我们党提出来的，而且党一直带领人民在实践中推进依法治国。只有在党的领导下依法治国、厉行法治，人民当家做主才能充分实现，国家和社会生活法治化才能有序推进。要把党的领导贯彻到依法治国全过程和各方面，体现在党领导立法、保证执法、支持司法、带头守法上。

制度奠定基石。法律制度与政治制度紧密相连，有什么样的政治制度，就必须实行与之相适应的法律制度。中国特色社会主义制度是我国社会主义法治的根本制度基础，我国一切法律法规和相关体制机制必须建立在这一基础之上。只有适应巩固和发展中国特色社会主义制度的要求，法治才能发挥应有作用，我们的法治道路才能走稳走好。

理论指引方向。在改革开放以来法治建设的实践过程中，我们党提出了关于依法治国的一系列重要思想，形成了中国特色社会主义法治理论。它是马克思主义基本原理同当代中国法治实践相结合的产物，是中国特色社会主义理论体系的重要内容。这个法治理论，科学回答了中国要不要搞法治、搞什么样的法治、怎样搞法治等一系列基本问题，是指引中国法治建设始终沿着正确方向前进的指南针和导航仪。

这三个方面紧密联系，构成一个有机的整体，指明了全面推进依法治国的领导力量、制度基础、理论指导。把握了这三个方面，就把握了中国特色社会主义法治道路最根本的东西，也就弄清了这条法治道路与其他国家法治道路的本质区别。

四 怎样走好我们的法治道路

回望过去，走出一条成功的法治道路极为不易；面向未来，继续走好这条道路更加不易。党的十八届四中全会对法治中国建设进行了顶层设计和战略部署，走好中国特色社会主义法治道路，就要按照全会提出的路线图和任务书，扎扎实实把各项任务落到实处。

增强道路自信。近年来，法治是社会上的热门话题。对我国法治建设应该走什么样的路，有这样那样的议论和争论。敌对势力把法治作为“武器”，大肆宣扬西方法治理念和法治模式，目的就是企图从“法治”问题上打开缺口，否定党的领导和我国社会主义制度。对此，我们要保持清醒认识、增强战略定力，坚定不移地走自己的路。

明确目标原则。党的十八届四中全会提出了“建设中国特色社会主义法治体系，建设社会主义法治国家”的总目标，提出了实现这一总目标必须坚持的五个基本原则。这就明确了中国法治建设往哪推进、怎么推进的问题，是走好中国特色社会主义法治道路的根本指引。坚守目标不动摇，把握原则不“越线”，我国社会主义法治建设才能越搞越好。

落实重点任务。这就是科学立法、严格执法、公正司法、全民守法。这四个方面、十六个字，明确了全面推进依法治国的重点环节，其中科学立法是前提，严格执法是关键，公正司法是保障，全民守法是基础。推进科学立法，关键是完善立法体制，深入推进科学立法、民主立法，提高立法质量；推进严格执法，重点是解决执法不规范、不严格、不透明、不文明以及不作为、乱作为等突出问题；推进公正司法，要以优化司法职权配置为重点，健全司法权力分工负责、相互配合、相互制约的制度安排；推进全民守法，要加强法治宣传教育，着力增强全民法治观念。

深化体制改革。全面推进依法治国，动力在改革、出路在改革。面对新情况新问题，如果停留在旧的体制机制框架内，或者用零敲碎打的方式修修补补，是解决不了问题的。当前法治领域存在的突出问题，许多都是涉及利益关系和权力格局调整的“硬骨头”。我们必须坚持改革方向、问题导向，拿出自我革新的勇气，落实好党的十八届四中全会的重大改革举措，

图说

最高人民法院在深圳、沈阳两地试点设立巡回法庭

2014 年 12 月，中央全面深化改革领导小组第七次会议审议通过《最高人民法院设立巡回法庭试点方案》，决定首批在广东省深圳市和辽宁省沈阳市两地试点设立巡回法庭。

一个一个问题解决，坚决破除体制机制障碍，不断开创法治建设的新局面。

“治国凭圭臬，安邦靠准绳。”党的十八届四中全会吹响了全面推进依法治国的嘹亮号角，坚定不移沿着中国特色社会主义法治道路前进，我们就一定能够铸就法治中国新的丰碑，为实现“两个一百年”奋斗目标、实现中华民族伟大复兴的中国梦提供有力法治保障。

深阅读

习近平：《关于〈中共中央关于全面推进依法治国若干重大问题的决定〉的说明》，《人民日报》2014 年 10 月 29 日。

3

法治兴衰的核心问题

——怎样理解党和法治的关系

在中国，讲到依法治国，很多人会提出这么一个问题：一方面，中国共产党是领导核心；另一方面，法治强调宪法法律至上，那么党的领导和法治之间到底是什么关系？党的十八届四中全会召开后，人们普遍认为，全会的一个重大贡献，就是从理论和实践的结合上把党和法治的关系讲清楚、讲透彻了。历史和现实表明，党和法治的关系是法治建设的核心问题，只有正确认识和处理好二者关系，才能确保法治中国建设沿着正确方向前进。

一 党和法治的关系为何是法治建设的核心问题

回顾历史，我们可以清楚地看到，如果党和法治的关系处理得好，则法治兴；处理得不好，则法治衰。这个问题，不仅事关法治建设的兴衰成败，甚至决定着整个社会主义事业的前途命运。

新中国成立初期，我们在坚持党的领导的同时，重视加强社会主义法治建设，相继颁布了婚姻法、“五四宪法”等一批重要法律法规，为国民经济的迅速恢复和新生政权的巩固提供

图说

新中国第一部法律婚姻法诞生

1950年4月13日，中央人民政府委员会第七次会议通过《中华人民共和国婚姻法》，并于同年5月1日公布施行。这是新中国成立后诞生的第一部具有基本法性质的重要法律。这部婚姻法充分体现了婚姻自由，为无数两情相悦的男女追求幸福生活、建立社会主义新型家庭关系提供了法律保证。图为当时北京市的基层干部在街头书写宣传婚姻法的黑板报。

了有力的法治保障。但后来不太重视法制的作用，甚至出现了“文化大革命”期间无法无天的状态，使党的领导也受到严重冲击，党和国家的事业遭到严重挫折。惨痛的教训告诫我们，在党的领导下，必须发挥好法治的引领和规范作用，否则就会带来灾难性的后果。

改革开放以来，我们始终坚持党在中国特色社会主义事业中的领导核心地位，同时把依法治国确定为党领导人民治理国家的基本方略，把依法执政确定为党治国理政的基本方式，保证了改革开放和现代化建设这艘航船顺利前行。这30多年，我们之所以能创造发展的奇迹，之所以有今天这样的良好局面，可以说经验有很多条，其中很重要的一条就是，正确地处理党的领导和法治的关系，为事业发展提供了重要保证。

当前，全面建成小康社会进入决定性阶段，改革进入攻坚期和深水区。我们怎样完成艰巨繁重的改革发展稳定任务？怎样应对严峻复杂的矛盾风险挑战？说到底，一个是要毫不动摇坚持党的领导，发挥党总揽全局、协调各方的作用；一个是要全面推进依法治国，用法治方式调节社会利益关系、化解各种社会矛盾。

因此，在当代中国，党和法治的关系是法治建设的核心所在。要走好中国特色社会主义法治道路，就要始终正确把握两者的关系，妥善处理两者的关系，确保法治中国建设行稳致远。

二 为何说"党大还是法大"是个伪命题

在现实生活中，一讲到党和法治的关系，经常有人会说，到底是党大还是法大？要把握好、回答好这个问题，需要从多个角度作出分析。

要看到，有的人之所以提出"党大还是法大"的问题，是因为它反映了实际存在的一些现象。在社会生活中，一些党员干部特别是领导干部法治观念不强，决策不讲程序，办事不依法依规，甚至以言代法、以权压法、徇私枉法。这些现象的存在，严重影响了群众对法治的信心，使人产生"权比法大""党比法大"的感受。

但如果往深里看，"党大还是法大"其实是一个伪命题。因为从逻辑上讲，党的本质是政治组织，而法的本质是行为规则，两者不存在谁比谁大的问题，否则就会落入话语陷阱。如果说党比法大，那就是承认法治、依法治国都是虚假的，法就不存在了；如果说法比党大，那就好像党的领导又出了问题，难以实施了。因此在党和法之间不能搞简单的比较。

那么，现实中为什么有人老拿党和法说事，死磕"党大还是法大"这个问题呢？究其本质，这是一些别有用心者所为，他们纠缠这个问题不放，并不是真为了推进中国的法治建设，而是故意把党和法治对立起来，宣扬"党、法不能两立"，其目的是企图从"法治"问题上打开缺口，达到搞乱人心、否定党的领导和社会主义制度的目的。对此，我们必须保持清醒的头脑。

事实上，在当今中国，社会主义法治必须坚持党的领导，党的领导必须依靠社会主义法治，两者之间是根本一致的。从性质上看，党领导人民干的事业就是建设社会主义，我们搞的法治也是社会主义性质的法治；从宗旨上看，始终坚持人民主体地位、保证人民当家做主、维护人民合法权益，既体现了我们党的根本宗旨，也是社会主义法治建设的根本目的；从任务上看，我们党带领人民实现现代化，包括实现国家治理体系和治理能力现代化，而法治建设也是实现国家治理体系和治理

声音

“党大还是法大”系别有用心的伪命题

叶小文（中央社会主义学院党组书记、第一副院长）：有人故意把党和法对立起来，宣扬“党、法不能两立”，诘问“党大还是法大？”这是别有用心者的迷魂枪、伪命题，其目的是企图从“法治”问题上打开缺口，蛊惑群众、搞乱人心，进而否定党的领导和社会主义制度，把中国引向邪路。值得警惕的是，在西方和国内一些人鼓噪下，我们也有人在随着魔笛起舞。为此，必须理直气壮、大张旗鼓地讲坚持党的领导。理直气壮，是因为讲的就是真理，不要让那些试图模糊甚至否定这一真理的人浑水摸鱼、扰乱视听。大张旗鼓，就是要不断、清晰地发出“中国要搞的法治是什么样的法治”的强烈信号。

能力现代化的重要内容，所以说这两者是根本一致、内在统一的。

总之，党的领导与依法治国二者是并行不悖的，缺一不可。坚持在党的领导下依法治国、厉行法治，同时坚持党在宪法法律范围内活动，这样才能真正实现党的领导、人民当家做主和依法治国有机统一，国家和社会生活法治化才能有序推进。正如有的群众所说："党的领导和社会主义法治本质上是一致的，这个木鱼需天天敲。"

三 社会主义法治建设怎样坚持党的领导

在当今中国，东西南北中，工农商学兵，中国共产党是领导一切的核心力量。党的领导是中国特色社会主义最本质的特征，是社会主义法治最根本的保证。从宪法这个根本法看，我国宪法确立了在历史和人民选择中形成的党的领导地位。从历史角度看，坚持党的领导是我国社会主义法治建设的一条基本经验。可以说，坚持党的领导，事关社会主义法治建设的根本，事关党和国家的命脉。

今天，我们全面推进依法治国，把这个基本方略落到实处，须臾离不开党的领导，必须始终围绕这根主轴推进法治建设。加强党对社会主义法治建设的领导，关键是按照党的十八届四中全会《决定》的要求，切实做到"三统一""四善于"，把党的领导贯彻到依法治国全过程和各方面。

党领导立法。就是根据党和国家大局、人民群众意愿，党提出立法建议，制定体现人民根本利益和社会发展要求的法。要主动适应改革和经济社会发展需要，围绕中国特色社会主义经济建设、政治建设、文化建设、社会建设、生态文明建设，完善立法体制机制，加强重点领域立法，不断完善中国特色社会主义法律体系。

党保证执法。就是党通过政治领导、思想领导、组织领导和工作领导，监督和促进执法部门严格执法。要在党的领导下，深化行政体制改革和行政执法体制改革，建立权责统一、权威高效的依法行政体制，不断推进行政机关事权规范化、法律化，加强对执法活动的监督，坚决惩治腐败现象，做到有权必有责、用权受监督、违法受追究。

党支持司法。就是各级党政机关和领导干部要支持法院、检察院依法独立公正行使职权，让人民群众在每一个司

法案件中都感受到公平正义。要有领导有步骤地推进司法体制改革，完善司法管理体制和司法权力运行机制，规范司法行为，加强对司法活动的监督，确保党政机关和领导干部不得干预司法活动、插手具体案件处理，不得让司法机关做违反法定职责、有碍司法公正的事情。

党带头守法。就是各级党政机关和广大党员领导干部必须率先垂范、带头遵守宪法法律。要强化各级党员干部的法律意识，强化法治思维，严格遵循法定权限和法定程序想问题、作决策、办事情，运用法治方式深化改革、推动发展、化解矛盾、维护稳定。特别是党员领导干部要保持对宪法法律的忠诚之心、敬畏之心，在任何时候都不能触碰法律红线、不得逾越法律底线。

可以说，要把全面推进依法治国这件大事办好，最关键的是要坚持党的领导，这样才能有坚强有力的政治保证。对于这一点，我们要旗帜鲜明地讲、理直气壮地讲。要向干部群众讲清楚我国社会主义法治的本质特征，让人们知其然，更知其所以然，做到正本清源、以正视听。

四 为何党的领导必须依靠社会主义法治

法治是人类政治文明的重大成果。国因法而治，因法而兴。一个现代化的国家，必定是依法治理的国家；一个先进的政党，必然是依法执政的政党。

对于行进在现代化之路上的中国，法治是繁荣稳定的基石；对于掌舵民族复兴航船的中国共产党，法治是执政兴国的支柱。现在，面对全面建成小康社会决定性阶段，面对改革攻坚期和深水区，依法治国在党和国家工作全局中的地位更加突出、作用更加重大。我们党要提高执政能力和执政水平，带领人民实现“两个一百年”的奋斗目标和中华民族伟大复兴的中国梦，就必须依靠社会主义法治。

微评

- 办好中国的事情，关键在党；全面推进依法治国，最根本的保证在党。
- 在中国，党的领导是核心，任何试图削弱或者离开党的领导的想法都是错误的。
- 如果照搬西方政治制度，放弃共产党的领导，法治建设只能是死路一条。
- 离开了中国共产党，推进依法治国进程，实际上就是一句空话。

法治是党实现治理能力现代化的重要支撑。现代社会是法治社会。要在党的领导下使国家治理能力跟上时代潮流，就必须转变党的领导方式、执政方式，严格按照宪法和法律治国理政。只有全面推进依法治国，真正做到“三统一”“四善于”，才能提高科学执政、民主执政、依法执政水平，实现党、国家、社会各项事务治理制度化、规范化、程序化，实现国家治理体系和治理能力现代化。

法治是党完成执政任务的可靠保障。治理一个国家、一个社会，关键是要立规矩、讲规矩、守规矩。没有规矩不成方圆。法律是治国理政最大的规矩，规定了每个公民、法人、政党、社团必须遵守的基本行为规范。我们党要实现长期执政，带领人民走好“中国道路”，实现党和国家长治久安，必须以法治提供根本性、全局性、长期性的制度保障。

法治为党攻坚克难提供有力武器。今日中国，改革发展稳定任务之重，矛盾风险挑战之多，可以说前所未有。矛盾凸显期，面对多元利益诉求如何定分止争，促进公平正义？改革深水区，面对多样实践探索如何划定边界，掌握改革航向？社会深刻变革阶段，面对多变思想观念如何广泛凝聚共识，找到“最大公约数”？法律是治国之重器，越是在关键时刻，越需要发挥法治的作用，使我国社会在深刻变革中既生机勃勃又井然有序。

声音

党的领导是中国的基本法治国情

李林（中国社会科学院法学研究所所长）：坚持中国共产党的领导和执政，是中国的根本政治国情，也是中国的基本法治国情。这个基本国情决定了我国的民主政治不能搞西方的多党制和三权分立，而必须坚持党的领导、人民当家做主与依法治国的有机统一，坚持政治与法治的统一，坚持民主与集中、民主与法治的统一。

“奉法者强则国强，奉法者弱则国弱。”在实现中国富强振兴的征程中，有中国共产党的坚强领导，有社会主义法治的有力保证，瑰丽动人的中国梦想将逐步变为现实。

深阅读

《〈中共中央关于全面推进依法治国若干重大问题的决定〉辅导读本》，人民出版社2014年版。

4

固国安邦之磐石

——怎样理解依法治国首先是依宪治国

2014 年 12 月 4 日，13 亿多中国人迎来了第一个国家宪法日。这一天，从国家最高权力机关到各有关部门和地方，从各大媒体到各个校园，都开展了各种形式的宣传教育活动，使人们加深了对宪法的认识，普遍增强了宪法意识。

宪法是国家的根本法，是治国安邦的总章程。党的十八届四中全会《决定》明确指出："坚持依法治国首先要坚持依宪治国，坚持依法执政首先要坚持依宪执政。"这个重要论断，明确了宪法在法治中国建设中的核心地位，阐明了依法治国和依宪治国、依法执政和依宪执政之间的辩证关系，对全面推进依法治国、加快建设社会主义法治国家意义深远。

一 依法治国与依宪治国是什么关系

宪者，法也，宪法就是法上之法、法中之法。为什么依法治国首先要依宪治国？这是由宪法的独特地位和作用决定的。对一个国家的治理来说，宪法是根本法、是总章程。1982 年 12 月 4 日通过的我国现行宪法，以国家根本法的形式，确立了中国特色社会主义道路、中国特色社会主义理论体系、中国特色社会主义制度的发展成果，反映了我国各族人民的共同意志和根本利益，成为党和国家的中心工作、基本原则、重大方针、重要政策在国家法制上的最高体现。坚持依法治国首先是坚持依宪治国，最重要的也是坚持依宪治国。

依宪治国体现了依法治国的核心内容。从内涵来看，宪法确立了国家的根本制度、根本任务、思想基础和活动准则，也

图说

新中国第一部宪法于 1954 年颁布

中华人民共和国第一部宪法于 1954 年 9 月 20 日经第一届全国人民代表大会第一次会议全票通过，史称“五四宪法”。图为 1954 年 10 月 1 日，首都各界欢度国庆，游行队伍抬着《中华人民共和国宪法》的模型通过天安门检阅台。

就是说，国家政治社会生活中最重要最核心的内容，都在宪法中得到确认和体现。依法治国的过程，首先就是贯彻落实宪法中所确立的制度和原则的过程。

链接

新中国成立以来制定颁布的四部宪法

新中国成立到1954年，中国的政治制度与国家制度是由《中国人民政治协商会议共同纲领》确定的，《共同纲领》发挥了临时宪法的作用。

1954年9月20日，第一届全国人民代表大会第一次会议，通过了中华人民共和国的第一部宪法。它的指导思想、基本原则、主要内容、结构形式，都受到了人们的普遍称赞，为我国以后宪法的修改确立了基本依据。但由于极左路线的影响，这部宪法并没有得到很好实施，在“文化大革命”中更是被束之高阁，难以发挥作用。

1975年宪法是在“文化大革命”中制定的，反映了那个时期“左”的错误，存在着严重问题。

1978年宪法是在我们党和国家还没有来得及对“文化大革命”的错误进行清理的历史条件下制定的，存在着严重缺陷。

现行宪法于1982年12月4日通过，它继承和发展了1954年宪法的基本原则，它的制定和实施，标志着我国社会主义民主和法制建设迈上了一个新的台阶，也标志着我国社会主义制度的基础得到了进一步的巩固和完善，是新时期我国社会主义事业发展的根本指南和保障。

图说

各地学校以不同方式迎接宪法日的到来

2014年12月4日是我国首个国家宪法日，全国各地学校以不同方式迎接宪法日的到来。图为四川省广安市广安区人民法院法官在给东方小学学生讲解法槌的由来及其与宪法的关系，培养学生们从小弘扬宪法精神。

依宪治国是依法治国的法律基础。从效力上看，宪法在我国法律体系中居于统帅地位，具有最高的法律地位和法律效力。宪法是其他法律的根据和基础，所有法律都是依据宪法制定的，不得同宪法相抵触，否则无效。正是在这个意义上，我们讲宪法是母法，普通法律是子法。依法治国所依之法，首先就是宪法。

依宪治国为依法治国确定了最高准则。从权威上看，宪法是一切组织和个人的根本活动准则，任何组织和个人都必须遵守宪法，不得超越宪法，并负有维护宪法尊严、保证宪法实施的职责。可以说，法治的权威，首先体现为宪法的权威；对法律的遵守，首先是对宪法的遵守。

因此，强调依法治国首先要依宪治国，表明了我们党坚持依法治国、依宪治国的鲜明态度和坚定决心，确立了宪法在国家治理体系和治理能力法治化中的核心地位。要按照党的十八届四中全会的要求，加强宪法实施和监督，把全面贯彻实施宪法提高到一个新水平。

二 依宪治国和“宪政”是一回事吗

党的十八届四中全会提出坚持依法治国首先要坚持依宪治国，在社会上引起了积极反响。同时，也存在一些误解误读。比如，有人认为讲依宪治国，实质上讲的就是“宪政”；还有人认为我们搞法治，最终就是要走西方“宪政”道路；等等。要保证依法治国、依宪治国沿着正确方向前进，必须弄清依宪治国和“宪政”的关系，划清两者之间的界限。

的确，“宪政”这个词，单从字面意义上看，好像就是依据宪法来施政，与依宪治国差别不大。有人提出社会主义宪政，初衷也是想推进社会主义法治建设。要搞清这些观点的是非对错，首先要搞清楚“宪政”的来龙去脉，认清有些人宣扬“宪政”的本质所在。

其实，“宪政”这个概念，有其特定的含义。“宪政”是西方资产阶级革命否定封建专制的产物，是对西方资本主义国家政治发展模式的概括，是西方法学理论对自身经验的理论总结。“宪政”在经过西方学者的反复阐释和演绎后，现在已经成为一个具有鲜明指向和特定内涵的范畴，主要包括三权分立、多党制等基本内容。因此，西方宣扬的所谓“宪政”，是特指西方的法治发展模式，不能仅从字面上去理解。

“百里不同风，千里不同俗。”一个国家怎么搞法治，选择什么样的法治道路，归根结底是由这个国家的历史传承、文化传统、经济发展水平决定的。经过长期探索，中国已走出了一条自己的法治道路，在实践中已见成效。究其原因，就是因为根植于我们独特的文化传统，符合我们的基本国情。我国宪法以根本法的形式，确立了中国共产党在国家中的领导地位，规定我国的政体是人民代表大会制度，国家行政机关、审判机关、检察机关都由人民代表大会产生，对它负责、受它监督。这些都具有鲜明的中国特色，是历史选择和历史形成的，是中

图说

现行宪法第四次修改

2004年3月14日，十届全国人大二次会议投票通过中华人民共和国宪法修正案草案，这是对现行宪法的第四次修改。这次修改把尊重和保障人权、保护公民合法私有财产、建立健全社会保障制度等写入宪法，顺应了时代要求和人民意愿。

声音

我国依宪治国、依宪执政与西方宪政的本质区别

梁鹰（全国人大常委会法制工作委员会研究室主任）：我国依宪治国、依宪执政与西方宪政的本质区别，主要体现在以下几个方面：（一）制度基础不同。西方宪政建立在资本主义宪法基础上，是资产阶级统治的工具；而我们的出发点和落脚点是人民的根本利益。（二）领导力量不同。西方宪政表面看，是不同政党轮流执政，其实都是资本和资产阶级利益的代言人；而我们是旗帜鲜明地坚持中国共产党的领导。（三）权力主体不同。西方宪政民主下的选举，起决定作用的是资本、利益集团或少数精英群体力量；而我国的一切权力属于人民。（四）权力行使方式不同。西方宪政实行“三权分立”，通过分权制衡来维护资本和资产阶级利益；而我们的人民代表大会是国家权力机关，行政机关、审判机关、检察机关都由它产生，对它负责，受它监督。

国特色社会主义法治道路的基本原则和制度安排。我们讲依法治国、依宪治国，就是要坚持好、落实好这些基本原则和制度安排，使它们更好地发挥作用。如果丢掉了这些根本，盲目地跟着西方所谓“宪政”跑，就无异于削足适履，自毁长城。

反观一些西方国家法治发展历程，它们的所谓“宪政”模式也各不相同，而且也问题多多。特别是近年来，西方宪政民主日益暴露出其弊端和局限性。一些西方学者也承认，西式民主正面临深刻危机，民主制衡演变为权力掣肘，党派博弈绑架

国家利益。就连“历史终结论”的提出者弗朗西斯·福山，也不得不修正自己的观点，发出美国“政治衰败”的哀叹。

近些年来，一些西方国家在世界上大打“宪政”牌，极力推行它们的“宪政”模式。但我们从历史和现实都看得很清楚，它们并非真是为其他国家好，而是以此为手段来搞乱别国、控制别国，最终维护其霸权地位。有些发展中国家没有看清西方国家兜售所谓“宪政”的本质，盲目照搬照抄，结果适得其反，不仅没有实现国家繁荣发展，反而陷入无休止的政权更迭和社会动荡，教训十分惨痛。比如，菲律宾在第二次世界大战之后曾是仅次于日本的亚洲第二大经济体，而且条件优越、资源丰富，特别是完全克隆了“美式民主”模式，被当时的西方舆论一致看好。但时过境迁，菲律宾已落到亚洲很多国家后面，甚至一度被英国《泰晤士报》称为“东南亚的一个失败国家”。

由此可见，对有些人宣扬的所谓“宪政”，我们必须头脑清醒，决不能被其“美丽的外衣”

微评

- 宪法是根“天线”，关键是要接“地气”。不仅要看得见，更要摸得着。
- 宪法不仅是“镇国之法宝”，还是“治国之法典”，宪法只有用起来，才能“活”起来。
- 宪法中既有“高大上”的国家政治安排，也有安顿社会民生重心、保障公民权利的款款暖意。
- 宪法就是法治生活的“元气”，少此“元气”则无法治生活的精气神。

所迷惑。要珍惜好、呵护好我们自己成功走出的法治道路，并坚定不移地走下去，使之越走越宽广。

三 怎样健全宪法实施和监督制度

宪法的生命在于实施，宪法的权威也在于实施。宪法的力量不仅因其地位崇高，更源于其有效的实施和监督。

我国现行宪法实施30多年来，以其至上的法制地位和强大的法制力量，为我国经济社会发展提供了有力法治保障。但同时也要看到，保证宪法实施的监督机制和具体制度还不健全，有法不依、执法不严、违法不究现象在一些地方和部门依然存在；关系人民群众切身利益的执法司法问题还比较突出；一些公职人员滥用职权、失职渎职、执法犯法甚至徇私枉法，严重损害国家法制权威；等等。这些问题不解决，必将影响宪法的效力和权威。

声音

宪法是治国安邦的总章程

乔晓阳（全国人大法律委员会主任委员）：根本法和最高法，是宪法区别于一般法律的两个最显著的特征，我们只有深刻认识和把握宪法的这两个特征，才能不断增强学习宪法、崇尚宪法、遵守宪法、维护宪法的自觉性和主动性，才能真正使宪法成为全国各族人民的共同行为准则，成为国家稳定发展繁荣的根本保证。

图说

宪法宣传教育深入群众

自1986年以来，我国已连续实施六个五年普法规划，面向全体公民广泛开展以学习宣传宪法和国家基本法律为重点的法治宣传活动。

全面贯彻实施宪法，是建设社会主义法治国家的首要任务和基础性工作。党的十八届四中全会指出，全国各族人民、一切国家机关和武装力量、各政党和各社会团体、各企业事业组织，都必须以宪法为根本的活动准则，并且负有维护宪法尊严、保证宪法实施的职责。要贯彻落实好党的十八届四中全会的部署，切实加强宪法实施，使一切违反宪法的行为都得以追究和纠正。

完善宪法监督制度。没有监督制度，宪法就是“没有牙齿的老虎”。目前，世界上有三种宪法监督模式，即议会或权力机关监督模式、普通法院监督模式、专门机构监督模式。我国宪法规定，全国人大及其常委会负责监督宪法的实施。这体现了全国人大是最高国家权力机关、代表人民统一行使国家权力的制度设计，实践证明符合我国国情。要健全监督机制和程序，进一步明确全国人大及其常委会进行宪法监督的对象、范围、方式等，将原则性要求具体化、程序化，使宪法监督更规范、更有效。

健全宪法解释程序机制。宪法解释，就是全国人大常委会依据宪法精神，对宪法的内容、含义和界限作出说明，它比宪法修改更为灵活，能保持宪法的稳定性。现在，随着全面深化改革的不断推进，面临的新情况新问题很多，更需要运用宪法解释来适应改革需要。要建立完善宪法解释制度，保证宪法解释贯彻落实，同宪法修改等优势互补，与法律解释等同步推进，使宪法在保持稳定性和权威性的基础上与时俱进。

问与答

问：什么是宪法解释？

答：宪法解释是宪法制定者或依照宪法的规定享有宪法解释权的国家机关，对已经存在并且正在生效的宪法规范的含义所作出的说明。

宪法解释是宪法发展的重要方式。当前，宪法发展的方式主要有三种，即：宪法修改、宪法解释和宪法惯例。为了保持宪法的相对稳定性，加之宪法修改的程序比较复杂，不可能经常采用修改的方式发展宪法，而宪法惯例又往往需要经过长期实践才能形成，因此，宪法解释就成为宪法发展中最具操作性的一种方式。

强化备案审查机制。对行政法规、地方性法规等进行备案审查，是宪法监督的重要内容和环节。据统计，截至2013年年底，全国人大常委会累计收到报备案的行政法规 502 件、地方性法规（包括自治条例和单行条例）22253 件、司法解释 189 件，对在审查中发现的同宪法法律相抵触的问题，已督促制定机关修改或废止。要加强备案审查制度和能力建设，把所有规范性文件纳入备案审查范围，依法撤销和纠正违宪违法的规范性文件，禁止地方制发带有立法性质的文件，维护宪法和法律统一。

四 怎样在全社会弘扬宪法精神

宪法的根基在于人民发自内心的拥护，宪法的伟力在于人民出自真诚的信仰。只有宪法精神、宪法理念深入人心，宪法权威才能真正树立起来。

随着我国法治建设的推进，宪法在中国特色社会主义法律体系中的核心地位已经形成，宪法精神不断深入人心。当然，培育和弘扬宪法精神是一个长期的过程，与建设社会主义法治国家的目标要求相比，全社会自觉遵守、维护、运用宪法的意识还需要不断加强。要按照党的十八届四中全会要求，普遍开展宪法教育，广泛弘扬宪法精神，在全社会树立起对宪法的信仰和敬畏。

设立国家宪法日。设立纪念宪法的节日，是很多国家的通行做法，目的都是增强全社会宪法意识，用宪法凝聚社会共识、激发公民责任。有的国家把通过、颁布或实施宪法的日子

图说

喜迎首个国家宪法日

通过各种喜闻乐见的方式传播宪法知识、宣扬宪法精神，是增强全社会宪法意识的重要途径。图为山东省沂源县悦庄镇中心幼儿园开展“动手制作迎接首个国家宪法日”活动，小朋友们在老师的指导下，用玉米、红小豆等作物制作出各种法治宣传画，迎接2014年12月4日我国首个“国家宪法日”的到来。

定为国家宪法节，有的国家的宪法日是法定节日，人们在这一天以悬挂国旗等方式庆祝。2014年11月1日，十二届全国人大常委会第十一次会议通过了关于将12月4日设立为国家宪法日的决定。以立法形式设立国家宪法日，必将进一步彰显宪法权威、增强全民宪法观念。

建立宪法宣誓制度。在当今世界142个有成文宪法的国家中，规定相关国家公职人员必须宣誓拥护或效忠宪法的有97个。关于宪法宣誓的主体、内容、程序，各国做法不尽相同，一般都在有关国家公职人员开始履行职务之前或正式就职时举行宣誓。党的十八届四中全会提出要在我国建立宪法宣誓制度，这对于加强宪法实施具有重要意义。要通过法定程序，出台具体实施意见，把宪法宣誓制度具体化。今后，凡经人大及其常委会选举或者决定任命的国家工作人员正式就职时公开向宪法宣誓，这样有利于增强公职人员宪法观念，激励公职人员忠于和维护宪法，也有利于在全社会增强宪法意识、树立宪法权威。

发挥党员干部带头作用。“上邪下难正，众枉不可矫。”党员干部在遵守和维护宪法中具有引领和示范作用。要把宪法作为党员干部教育的重要内容，引导广大党员干部特别是领导干部带头树立宪法意识，培养宪法思维，把宪法作为判断大是大非的准绳；带头严格依宪法办事，增强依宪观察、分析和解决现实问题的能力；带头推动宪法实施，认真履行宪法赋予的职责，同一切破坏宪法权威、践踏宪法尊严的行为作斗争，使宪法真正成为国家治理的最高规则和开展工作必须遵循的根本准则。

宪法至上，法治才有权威和尊严。坚持依宪治国，依法治国才有根基和方向，法治中国建设才能走上通衢大道。

深阅读

1.《中华人民共和国宪法》，人民出版社 2004 年版。

2. 习近平：《在首都各界纪念现行宪法公布施行 30 周年大会上的讲话》，《人民日报》2012 年 12 月 5 日。

5

走进法律体系“2.0 时代”

——怎样推进科学民主立法

2014 年 8 月，十二届全国人大常委会第十次会议对立法法修正案（草案）进行了初次审议，随后公开向社会广泛征求意见，12 月召开的全国人大常委会第十二次会议对草案进行了第二次审议。这是立法法实施 14 年后的首次修改。人们普遍期待，对这部规范立法工作的基本法的修改，将推动中国特色社会主义法律体系进入“2.0 时代”。

法律是治国之重器，良法是善治之前提。党的十八届四中全会强调深入推进科学立法、民主立法，使每一项立法都符合宪法精神、反映人民意志、得到人民拥护。这是中国立法工作的一个新跨越，标志着立法将发挥越来越重要的引领和推动作用。

一 为何说良法是善治之前提

“立善法于天下，则天下治；立善法于一国，则一国治。”国家若善治，须先有良法。立法是法治的龙头环节，龙头昂起来，龙才可能腾飞起来。全面推进依法治国，必须坚持以立法为“开路先锋”，发挥好立法的引领和推动作用。

30多年前，历经十年浩劫的中国，法律园地一片荒芜，只有宪法和婚姻法等寥寥几部法律。党的十一届三中全会后，随着社会主义民主法制建设的推进，中国立法进程不断加快。1997年，党的十五大明确提出“到2010年形成有中国特色社会主义法律体系”，2010年年底这一历史任务如期完成，国家生活的各个方面实现有法可依。这是我国法治进程中的一座重要里程碑。

随着法律体系的形成，有法可依的问题已经总体解决了。那是不是立法工作的使命就结束了呢？答案是否定的。

立法进程没有终点。社会实践是法律的基础，社会实践永无

微评

- 国富民强需要法律重器，但如果没有良法，则难以实现善治。
- 只有在完善的法律法规体系下，人民才能安居乐业，生产才能发展，社会才能稳定和谐。
- 法律冷冰冰的条文背后，应该有人文的温度，这样制定出来的法才是良法。
- 劣法非法，因为它徒具法的形式，而没有灵魂。

问与答

问：什么是中国特色社会主义法律体系？

答：中国特色社会主义法律体系，是以宪法为统帅，以宪法相关法、民法商法、行政法、经济法、社会法、刑法、诉讼与非诉讼程序法等多个法律部门的法律为主干，由法律、行政法规、地方性法规等多个层次的法律规范构成的有机统一整体。2010年年底，中国特色社会主义法律体系已经形成，涵盖我国社会关系各个方面的法律部门已经齐全，各法律部门中基本的、主要的法律已经制定，相应的行政法规和地方性法规比较完备，法律体系内部总体做到科学和谐统一。截至2014年12月，我国已制定现行宪法和有效法律242件、行政法规737件、地方性法规8500多件、自治条例和单行条例800多件。

止境，立法也永无止境。即使是一些法律比较完备的国家，每年也都会新制定或修改一批法律。我们的法律体系已经形成，但它不是静止的、封闭的、固定的，而是动态的、开放的、发展的，将随着中国特色社会主义实践的发展而发展。目前，仍存在一些重要领域法律法规缺失的问题，存在一些法律法规跟不上形势发展的问题，存在一些法律法规衔接配套不够的问题，立法任务依然艰巨而繁重。

立法质量亟待提高。不是什么法都能治国，不是什么法都能治好国。试想，如果立法先天不足，存在这样那样的问题，执法、司法、守法就不可避免会出现问题，引起不良后果。因此，立法质量直接关系法治的质量，越是强调法治，越是要提高立法质量。目前，人民群众对法律的期盼，已经不是有没有，而是好不好、管用不管用、能不能解决问题。与之相比，目前我们有的法律法规未能全面反映客观实际和人民意愿，解决实际问题有效性不足。提高立法质量，成为当前和今后一个时期立法工作的重中之重。

立良善之法，根本途径在于科学立法、民主立法。科学立法的核心在于尊重和体现客观规律，民主立法的核心在于为了人民、依靠人民。要抓住提高立法质量这个关键，完善立法体制，深入推进科学立法、民主立法，坚持立改废释并举，增强法律法规的及时性、系统性、针对性、有效性，努力使我们的法律立得住、行得通。

二 怎样防止立法部门化和地方化

现实生活中，很多人听到或遇到过这样的现象：两部法律法规就同一问题作出了不同的规定，相互“撞车”“打架”，令人无所适从；一些地方从自身利益出发，出台一些与“国法”冲突的“土法”，在自己的“一亩三分地”上横行无阻。这些现象折射出来的，就是立法部门利益化、地方利益化问题。

为什么会产生立法部门利益化、地方利益化问题呢？究其原因，是由于现行立法体制不完善造成的。我国是统一的、多民族的、单一制的社会主义国家，但各地方经济社会发展又很

图说

广东出台办法对存在"部门利益"的规章不予立项

2014年6月，广东省政府办公厅颁布《广东省人民政府规章立项办法》《广东省人民政府法规规章起草工作规定》《广东省人民政府法规规章审查工作规定》《广东省人民政府立法听取意见工作规定》等四项政府立法工作制度，规定从2014年7月1日起，明显存在"部门利益"的政府规章，没有必要专项立法的，主要内容与上位法相抵触，或者缺乏可操作性的等都不予立项。

不平衡，从这一基本国情出发，我国宪法确立了既统一又分层次的立法体制。立法法对全国人大与国务院、中央与地方的立法权限划分、立法程序、法的适用规范和备案审查作出了全面规范。随着经济社会发展和全面深化改革的推进，立法工作遇到一些新情况新问题，要按照党的十八届四中全会的要求，进一步完善立法体制机制和程序。

健全人大主导立法体制机制。人大是我国的权力机关，立法权是宪法赋予人大及其常委会的一项重要职权。人大要在立法的规划、立项、起草、审议、修改、表决等各个环节充分发挥主导作用。要通过立法规划、年度立法计划，加强对立法工作的统筹安排。对涉及综合性、全局性、基础性等重要法律草案的起草，由全国人大相关专门委员会、全国人大常委会法制工作委员会组织有关部门参与起草。为更好发挥主导作用、提高立法质量，人大要建立一支高素质的立法工作队伍，增加有法治实践经验的专职常委比例，健全立法专家顾问制度。

加强改进政府立法制度。目前，政府部门承担着大量的法律法规的起草工作，国务院部门还有发布部门规章的权力。必须完善政府部门立法程序，增强部门立法的公开性、透明性。发挥政府法制机构在政府立法中的主导和协调作用，负责起草重要行政管理法律法规。对部门间争议较大的重要立法事项，要引入第三方评估，充分听取各方意见后及时作出决定，不能为部门之间的分歧所掣肘而久拖不决。

明确立法权力边界。在我国，除了全国人大及其常委会以外，国务院及其各部委，各省、自治区、直辖市和一些较大的市以及民族自治地方都拥有立法权。要明确各立法主体在立法体制中的地位及相互关系，以及各自制定的立法文件的效力等级。各立法主体必须严格依照法定权限和法定程序立法，既不能超越权限，也不能背离程序。随着各地经济社会的发展和城镇化建设的推进，设区的市在城市建设、市容卫生、环境保护等方面普遍有制定地方性法规的客观需求，但目前我国只有49个较大的市拥有地方立法权。要严格按照法律规定，逐步

图说

十二届全国人大常委会第十二次会议再次审议
《立法法修正案（草案）》

2014 年 12 月，十二届全国人大常委会第十二次会议再次审议了《中华人民共和国立法法修正案（草案）》，决定将草案提请十二届全国人大三次会议审议。

增加有地方立法权的较大市的数量，依法赋予设区的市地方立法权。

三 怎样推进开门立法

安全生产法修正案（草案）、航道法（草案）、食品安全法（修订草案）、反间谍法（草案）、行政诉讼法修正案（草案二次审议稿）、广告法（修订草案）、立法法修正案（草案）、刑法修正案（九）（草案）……2014 年前 11 个月，全国人大常委会已将 8 部法律草案向全社会公开征求意见。这期间，共有 19512 人次在网上提出 62315 条意见，对草案的修改完善发挥了很大作用。像这样敞开大门立法，已经越来越成为我国立法工作的常态。

开门立法是推进科学立法、民主立法的重大举措。随着经济社会快速发展，随着人们政治参与积极性不断提高，对科学立法、民主立法不断提出更高要求。要在总结实践经验的基础上，把握立法规律、遵循立法程序，以严谨科学的态度，广泛听取、认真对待各方面的意见和诉求，努力使每一项立法都体现和尊重人民的主体地位，保障人民各项权利。

健全沟通机制。兼听集思广益，沟通增进共识。党的十八届四中全会提出，健全立法机关和社会公众沟通机制，建立基层立法联系点制度，这些都将使立法机关更好了解公众的关注点和诉求。立法协商是对不同诉求进行比较和平衡的重要方式，要开展立法协商，充分发挥政协委员、民主党派、工商联、无党派人士、人民团体、社会组织在立法协商中的作用。还要探索建立有关国家机关、社会团体、专家学者对立法中涉及的重大利益调整论证咨询机制，以更好统筹兼顾社会不同方面利益。

拓展参与途径。广纳民意、广集民智，法律法规才能更接地气、更具民意基础。公开征求意见是公众参与的重要渠道，目前全国人大常委会审议的法律草案，一般都公开向社会征求意见。今后，除公布法律草案初审稿征求意见外，还将公布草案二审稿广泛征求意见，使公众有更多机会发表看法。应积极探索完善召开立法座谈会、论证会、听证会机制，为公众提供发表意见的平台。此外，还要建立公众意见采纳反馈机制，让人们知道哪些意见被采纳了，哪些意见没被采纳、为什么不能采纳，避免“你说你的，我改我的”，调动人们参与的积极性。

发挥人大代表作用。人大代表是人民群众的“代言人”。在长期实践中，我们探索形成了人大代表参与立法的很多有效形式。比如，邀请部分全国人大代表列席全国人大常委会会议；发挥代表议案在立法工作中的作用，十一届全国人大任期内共有603件代表议案涉及的149个立法项目列入了立法规划和年度立法计划。要创新和完善各级人大代表参与立法工作体制机制，健全法律法规规章起草征求人大代表意见制度，增加人大代表列席人大常委会会议人数，更多发挥人大代表参与起草和修改法律作用。

加强组织协调。一部法律，往往涉及多方面的利益关系，涉及多个部门的权力和责任，必须加强人大对立法工作的组织

图说

北京举行大气污染防治立法听证会

2013年10月24日，北京市就大气污染防治立法举行听证会，听证会围绕《北京市大气污染防治条例（草案修改稿）》的规定是否合理、可行进行听证。北京市环保局就听证事项进行说明，9位听证陈述人分别陈述自己的观点。

协调，健全立法起草、论证、协调、审议机制，健全向下级人大征询立法意见机制。要健全立法机关主导、社会各方有序参与立法的途径和方式，完善立法项目征集和论证制度，完善法律草案表决程序，推进立法精细化。

四 怎样使立法与改革决策相衔接

2014年8月1日，《中国（上海）自由贸易试验区条例》正式施行。这部被称为上海自贸试验区建设“基本法”的条例，从管理体制、投资开放、贸易便利、金融服务、税收管理，到综合监管、法治环境等方面，对推进自贸试验区改革进行了全面的规范。这个条例的施行，为自贸区的改革探索提供有力法治引领和保障，标志着自贸区改革正式进入于法有据、由法推进的新阶段。

说到法治与改革，许多人首先想到二者的矛盾：法治的特点是“立”，有稳定性；改革的特点是“破”，有变动性。但这一破一立之间，更是彼此促进、相互推进的关系。正如古人所讲，“治国无法则乱，守法而弗变则悖，悖乱不可以持国”。推进改革离不开法治的规范，法律又要适应改革向前推进的要求，发挥对改革的引领和保障作用。党的十八届四中全会强调立法与改革决策相衔接，就是要着眼全面深化改革推进立法工作，保证法治建设不偏离正确方向、推进改革不偏离法治

图说

上海通过立法推动自贸区改革发展

2013年9月26日，上海市第十四届人大常委会第八次会议表决通过《关于在中国（上海）自由贸易试验区暂时调整实施本市有关地方性法规规定的决定》。自贸区内对国家规定实施准入特别管理措施之外的外商投资，暂时停止实施《上海市外商投资企业审批条例》。《决定》自2013年10月1日起施行。

轨道。

主动适应改革需要。改革推进到哪里，立法进程就要及时跟进到哪里，增强立法的主动性和及时性。针对目前立法工作存在的不适应、不符合问题，要实事求是、与时俱进地分类做好相关法律的立改废释工作。对实践证明行之有效的改革举措，要及时上升为法律；对不适应改革要求的法律法规，要及时修改和废止；对需要通过法律解释来解决问题的应当及时释法，赋予法律条文更加准确、更具有针对性的内涵。

加强重点领域立法。要紧紧围绕中国特色社会主义事业总体布局，加快法律法规的立改废释，完善社会主义市场经济法律制度，推进社会主义民主政治法治化，建立健全文化法律制度，加快保障和改善民生、推进社会治理体制创新法律制度建设，加快建立生态文明建设法律制度，依法保障公民权利，推动法律体系完善发展。十二届全国人大立法五年规划确定了68件立法项目，其中新制定20多部法律，修改40多部法律。这些法律的制定和修改，将为经济、政治、文化、社会、生态文明等各领域的一系列重大改革提供法律依据。

依法授权先行先试。对法律立改废释的条件暂不成熟而改革实践又迫切需要的，可以通过法定程序进行特别授权先行先试，解决法律依据不足的问题。2014年6月，十二届全国人大常委会第九次会议表决通过了《关于授权在部分地区开展刑

图说

十二届全国人大常委会表决通过修改行政诉讼法等决定

2014年11月1日，十二届全国人大常委会第十一次会议，表决通过全国人大常委会关于修改行政诉讼法的决定，表决通过反间谍法，国家主席习近平分别签署第十五号、第十六号主席令予以公布。表决通过全国人大常委会关于设立国家宪法日的决定和关于民法通则第九十九条第一款、婚姻法第二十二条的解释。

事案件速裁程序试点工作的决定》，这就为推进司法领域改革提供了法律授权，对保障司法改革依法有序进行，具有积极的示范引领意义。

“法者，国之权衡也，时之准绳也。”立法是依法治国的第一道“工序”。随着科学立法、民主立法的深入推进，中国特色社会主义法律体系必将更加完善，必将为构筑法治中国的宏伟大厦奠定更加坚实的基础。

深阅读

《〈中国特色社会主义法律体系〉白皮书》，《人民日报》2011年10月28日。

6

法律的生命力在于实施

——怎样推进严格执法

400 多年前，明代张居正曾说过这样一句名言：“天下之事，不难于立法，而难于法之必行。”的确，古往今来众多史实表明，如果有了法律而束之高阁，或者实施不力、做表面文章，那制定再多法律也无济于事。党的十八届四中全会《决定》指出，法律的生命力在于实施，法律的权威也在于实施。全面推进依法治国，重点就在于保证法律严格实施，做到严格执法。

一 为何说全面推进依法治国重点是严格执法

全面推进依法治国，是由立法、执法、司法、守法等诸多环节组成的完整“链条”。随着中国特色社会主义法律体系的形成，有法可依的问题总体上解决了，执法越来越成为整个法治建设链条中最关键的环节。如果在这个环节掉了链子，立法的意义就会大打折扣，同时也会对司法和守法带来严重影响。

社会生活中我们也能感到，现在法治领域发生的许多问题，更多的是因为有法不依、失于规制乃至以权谋私、徇私枉法导致的。人民群众对法治建设的意见和诉求，也更多集中到执法必严、违法必究上来。只有严格执法，建设高效的法治实施体系，把“纸面上的法”真正落实为“行动中的法”，才能切实推进法治国家建设进程。

维护法律权威和尊严，必须严格执法。如果有了法而不严格执法，法律就成了“纸老虎”和“稻草人”，就会失去应有的效力。长此以往，势必影响执法机关的公信力，势必动摇人民群众对法律的认同、对法治的信仰。只有坚持严格执法，做到“法立，有犯而必施；令出，唯行而不返”，法律才能发挥治国重器的作用，全社会才能形成对法律的尊崇和敬畏。

促进社会公平正义，必须严格执法。促进社会公平正义、维护社会和谐稳定，是执法工作最重要的价值追求。随着人们法律意识、权利意识日益增强，对社会公平正义提出了更高要求。如果执法不严、执法不公，该处罚的不处罚或者同事不同罚，社会就失去了起码的公平公正，就会引发大量社会矛盾，影响社会和谐稳定。只有坚持严格执法，惩处违法违规行为、维护群众正当权益，才能彰显公平、伸张正义。

建设法治政府，必须严格执法。行政机关是执法的重要主体。在我国，大约80%的法律、90%的地方性法规和几乎所有的行政法规的执法工作都是由行政机关来承担的。各级政府

链接

近年来法治政府建设大事记

- 2007年，党的十七大将“法治政府建设取得新成效”作为全面建设小康社会的要求。
- 2008年，国务院下发《国务院关于加强市县政府依法行政的决定》。
- 2010年，国务院颁布《国务院关于加强法治政府建设的意见》，对今后一个时期推进依法行政工作作出全面部署。
- 2012年，党的十八大明确提出，到2020年全面建成小康社会时，依法治国基本方略全面落实，法治政府基本建成。
- 2013年，党的十八届三中全会提出，切实转变政府职能，深化行政体制改革，创新行政管理方式，增强政府公信力和执行力，建设法治政府和服务型政府。
- 2014年，党的十八届四中全会提出，加快建设职能科学、权责法定、执法严明、公开公正、廉洁高效、守法诚信的法治政府。

声音

建设法治政府是全面建成小康社会的必然要求

袁曙宏（国务院法制办副主任）：在我国，行政机关承担着经济社会各个领域的繁重管理任务，其行政能力和执法水平与群众生活息息相关。特别是现在人们民主意识、法治意识、权利意识空前高涨，对一分权利的坚持和争取，有时超出了对一分利益的争取。政府如果不依法办事，人们在身边每一件小事当中感受不到公平正义，对政府、对社会就会失去信心。因此可以说，不深入推进依法行政，就不可能做到全面推进依法治国；不建成法治政府，就不能说全面建成了小康社会。

能否切实做到严格执法，体现国家法治文明程度，关系法治中国建设成效。当前，行政执法过程中还存在不少问题，有法不依、执法不严、违法不究现象比较突出，执法不规范、不文明和不作为、不勇为、乱作为现象时有发生。进一步推进各级政府依法行政、严格执法，对建设法治政府来说，是十分重要和紧迫的任务。

二 为何要推进政府权力清单制度

一段时期以来，“权力清单”频频进入公众视野，成为社会热词。2014 年 6 月，浙江省在其政务服务网站上“晒”出 42 个省级部门的 4236 项行政权力，成为全国首个在网上完整晒出省级部门权力清单的省份。目前，国务院各部门已向社会公开全部行政审批事项清单，各省级、市级、县级权力清单正在陆续公布，受到了社会广泛关注。

所谓权力清单，通俗地说，就好比一份政府对外发布的“菜单”，政府有多少权力，菜单上写得一清二楚，除此之外，政府不得行使其他权力。推行权力清单制度，实质上是通过梳理行政权力，解决政府能做什么、不能做什么的问题，对推动各级政府依法全面履行职能具有重要意义。

政府作为行政执法机关，依法全面履行经济调节、市场监管、社会管理和公共服务等各项职能，处理好政府与市场、社会的关系，是推进严格执法的基础和前提。要按照党的十八届四中全会的要求，加快建设法治政府，确保各级政府始终在党的领导下，在法治轨道上开展工作。

图说

浙江政务服务网站晒出权力清单

图说

重庆简政放权增活力

重庆市政府推进简政放权，向两江新区下放行政审批等管理事项和权限283项，大大缩短群众办事时间和效率，激发市场活力。图为市民在两江新区政务中心的绿色通道咨询办理相关业务。

职权法定，明确政府权力边界。“法外无权”，政府的所有权力都来源于法律的授予。要完善行政组织和行政程序法律制度，推进机构、职能、权限、程序、责任法定化。通过法定化方式确定政府的权力来源和边界、机构职责设置与人员配备等，使得政府各项职能从内容到形式、从行为到程序、从决策到执行都符合法律规定。权力清单制度是推行职权法定的重要举措，要继续深化完善这一制度，编制好涵盖各项权力的清单目录，及时向社会公开，坚决清理法外设定的权力事项，并杜绝违规新设，坚决消除设租寻租空间。

依法履职，做到有所为有所不为。各级政府要坚持法定职责必须为、法无授权不可为，积极履职、全面履职、履职到位，为市场发育、社会发展、人民利益服好务。一方面，属于法定的职责，要勇于负责、敢于担当，该管的一定要管住管好，坚决克服懒政、怠政；另一方面，超出政府法定职能的事项，不得乱作为、滥用权。

规范事权，厘清不同层级政府权责。长期以来，中央和地方政府间事权界定不合理、不清晰、不规范的问题较为突出。要完善不同层级政府特别是中央和地方政府事权法律制度，合理清晰界定政府间事权。强化中央政府宏观管理、制度设定职责和必要的执法权，强化省级政府统筹推进区域内基本公共服务均等化职责，强化市县政府执行职责，促进政府间各司其职、各负其责，充分发挥好中央和地方两个积极性。

问与答

问：什么是事权？

答：事权，是指一级政府在公共事务和服务中应承担的任务和职责。根据中央和地方政府在国家治理中的地位和作用，凡是有关国家整体利益、全局利益的事务，如国防、主权、外交等应由中央政府处理；凡是有关地方局部利益和地方自主性、地方自主发展的事务应归地方政府处理；而处理地方提供公共产品和公共服务的事权，必须在中央和地方政府间合理划分。

三 为何要建立重大决策终身责任追究制度

决策是一种重要的行政权力，行使决策权是否依法合规，事关法治政府建设的方向和目标，事关经济社会持续健康发展和人民群众切身利益。近年来，一些部门和地方频频出现违反法定程序的重大决策失误事件，给党和国家事业造成重大损失。特别是有的领导“拍脑袋决策，拍胸脯保证，拍屁股走人”，在群众中造成了恶劣影响。为此，党的十八届四中全会强调要健全依法决策机制，提出了建立重大决策终身责任追究制度及责任倒查机制的任务。

所谓重大决策终身责任追究制度及责任倒查机制，是指按照“谁决策谁负责”原则，对重大决策严重失误或者依法应该及时作出决策但久拖不决造成重大损失、恶劣影响的，无论时间过去多久，也无论事发时责任人是在岗在任，还是升迁调转或退休，都要严格追究行政首长、负有责任的其他领导人员和相关责任人员的法律责任。这是健全依法决策机制的重大举措，对于深入推进依法行政、建设法治政府具有重要意义。

与以往关于决策追责的规定相比，这一制度的最大亮点在于“终身追责”，具有很强的现实针对性。实践表明，一些重大决策从提出、实施到产生效果时间周期长，决策正确与否短期内难以得到验证，一旦多年后出现问题，当初参与决策的主要领导及相关人员，或退休或调任，责任已难以认定追究，大多不了了之。“终身追责”犹如为决策者戴上了“紧箍”，督促、警诫其时刻尊重和敬畏决策的法定权限和程序，严格依法进行决策。

现在，任务已经明确，关键是要抓好落实，尽快把重大决策终身责任追究制度具体化，让人们见到成效。要完善责任追究配套制度，实行决策绩效评估机制，科学判断决策失误；建立决策案卷制度，准确识别责任归属；完善决策过错认定标准和责任追究启动机制，提高责任追究制度的可操作性。做到重大决策严重失误原因不查清不放过，责任人不处理不放过，整改措施不落实不放过。

同时，党的十八届四中全会围绕健全依法决策机制、杜绝违法决策，还提出了一系列重要举措。比如，要健全法定程序，将公众参与、专家论证、风险评估、合法性审查、集体讨论决定作为重大行政决策的法定程序，确保决策制度科学、程序正当、过程公开、责任明确。比如，要建立合法性

图说

广西举行高速公路通行费价格调整听证会

近年来，在涉及群众切身利益的公用事业价格、公益性服务价格调整的重大行政决策中，各地越来越重视强化公众参与，完善公众参与重大行政决策的程序。图为2014年5月，广西壮族自治区物价局举行高速公路通行费价格调整听证会。

审查机制，重大行政决策在提请决策机关讨论决定前，必须开展内部合法性审查，未经审查或审查不合格的，不得提交讨论。比如，要推行政府法律顾问制度，建立一支以政府法制机构人员为主体、吸收专家和律师参加的政府法律顾问队伍，在进行重大行政决策时，充分发挥政府法律顾问的积极作用。

四 为何要落实行政执法责任制

现实生活中，我们经常可以看到这样的情形：对于流动个体无照商贩，工商可以管，食品安全部门也可以管，市政城管也能插手，处罚的时候，“一人违章多家罚”；一旦出现问题要问责的话，谁都可以推脱。这从一个侧面折射出我国行政执法过程中“都管都不管”、权责不清楚的问题。

对行政执法者来说，有权必有责，有多大的权就有多大的责。为此，党的十八届四中全会提出全面落实行政执法责任制的任务，必须结合实际加以落实。要进一步明确执法责任，全面梳理行政执法依据，严格确定不同部门及机构、岗位执法人员的执法责任。建立健全执法评议考核指标体系，引导执法人员严格规范执法行为。完善执法责任追究机制，确保执法过程中任何一个环节出现问题，都能够被及时发现、纠正、追究。

图说

福建福州柔性执法获好评

福建省福州市新组建城管女子中队，对占道经营、乱停车等不文明现象进行耐心劝说、文明劝导。这种柔性执法方式改变了市民对城管执法“简单、生硬”的印象，受到市民支持与好评。

落实行政执法责任制，是深化行政执法体制改革的具体体现。在这方面，党的十八届四中全会提出了许多重要新举措，与行政执法责任制一起，成为下一步深化行政执法体制改革的重点任务。

队伍需整合。目前我国行政执法队伍设置过多过细，仅市县两级行政执法机构就有 8 万多个、编制 135 万多名，同一领域、同一事项多头执法，群众戏言“大盖帽满天飞”，容易造成重复检查和处罚，加重企业和群众负担。要加快队伍整合，大幅削减市县两级执法队伍种类，重点在食品药品安全、工商质检、公共卫生、安全生产、文化旅游、资源环境、农林水利、交通运输、城乡建设、海洋渔业等领域内推行综合执法，有条件的领域可以推行跨部门综合执法。

执法要有据。严密的程序是公正执法的重要保障。要规范执法操作流程，重点围绕行政许可、行政处罚、行政强制、行政征收、行政收费、行政检查等执法行为，对执法具体环节和操作步骤作出明确规定，便于执法人员掌握“干什么、怎么干、干到什么程度”。加强执法管理，建立执法全过程记录制度，确保所有执法工作有据可查，有效预防随意执法、粗放执法等现象，推进严格规范公正文明执法。

裁量求公正。当前，行政执法人员滥用自由裁量权、同事不同罚、选择性执法现象较为突出，群众反映强烈。要建立健全行政裁量权基准制度，细化、量化行政裁量标准，规范裁量

问与答

问：什么是自由裁量权？

答：自由裁量权，是指法律法规对行政行为的方式、手段、范围等某一事项未作详细具体的明确规定时，国家行政机关根据自己的评价和判断，确定适当的范围，选择适当的方式手段，处理具体事务的权力。一般有三种情形：一是法律法规规定了具体、明确的幅度，允许行政机关按当时的实际情况在法定范围内自行决定；二是法律法规只作了笼统规定，由行政机关根据具体情况作出决定，行政机关作出此类裁决时享有很大的裁量余地；三是法律法规仅规定行政机关可以参照某法或某法某条执行，在这种情况下，行政机关的裁量权更大。

图说

城管执法人员佩带"执法记录仪"上岗

2014年8月起，湖北省宣恩县城管执法人员佩戴"执法记录仪"上岗，"执法记录仪"可全程记录执法人员的执法过程，促进城管执法人员规范执法、公正执法。图为城管执法人员在展示他们的"执法记录仪"。

范围、种类、幅度，为执法人员提供裁量依据。在准确把握适用裁量标准基础上，综合考虑违法行为性质、社会危害程度、执法对象悔过态度等情况，做到该宽则宽、当严则严、过罚相当。

素质要提高。一线行政执法人员直接面对基层，其职业素质如何，直接关系群众利益，关系政府形象。要在队伍管理和人员配备使用上坚持高标准严要求，严格执行持证上岗和资格管理制度，未经执法资格考试合格，不得授予执法资格，不得从事执法活动，杜绝"临时工执法"现象。科学配置人员编制，充实基层一线执法力量，严格执行罚缴分离和收支两条线制度，严禁收费罚没收入同部门利益直接或者变相挂钩，以消除钓鱼执法、创收执法冲动。

五 怎样强化对行政权力的制约和监督

某市建委一科长敛财5000多万元、某县煤炭局局长贪腐3亿多元、某市一副处级干部家中搜出上亿现金……近年来，一起起“小官巨贪”案件引发了社会关注。这一现象表明，不受监督的权力必然导致腐败，不管这种权力是大是小，职位是高是低。强化对行政权力的制约和监督，保障其依法正确行使，既是有效保障公民基本权利的客观需要，更是落实严格执法的重点环节。

> **微评**
>
> - 法律只有有效实施，才能彰显价值；执行不力，就是一纸空文。
> - 权力清单好比政府的“权力账本”，必须为这样的“自我革命”点赞！
> - 行政决策决不是领导的“私事”，不能搞“一言堂”“一个人说了算”。
> - 执法首先要懂法，让不懂法、不敬畏法律的人去执法，很可能丢掉了“公正”。

经过多年来的实践，我国行政法律体系不断完善，多层次多领域对行政权力进行制约和监督的体制机制建设不断加强，对于促进各级政府依法行政发挥了重要作用，但也存在相关监督法律法规不完备、监督针对性不强、监督力度和效果有限等问题。因此，要按照党的十八届四中全会要求，强化对行政权力的制约和监督，切实增强监督合力和实效。

完善制度体系。近年来，我们

图说

河北黄骅设立指尖上的“政务大厅”

河北省黄骅市2014年上半年开通运营政务微信公众平台“黄骅阳光政治”以来，全市33个窗口部门进驻“黄骅阳光政治”平台，所涉及的审批服务事项等内容全部在平台上公开公示，被群众形象地称为指尖上的“政务大厅”。图为市民在扫描“黄骅阳光政治”二维码。

已初步形成一套具有中国特色的行政权力运行制约和监督体系，包括党内监督、人大监督、民主监督、行政监督、司法监督、审计监督、社会监督、舆论监督等。这八个方面分工明确、各有特点，构成了从不同层面对行政权力进行制约和监督的制度框架，目前的问题主要是各种监督力量衔接协调不够、有的监督流于形式。下一步要有效整合监督资源，科学设定监督职责，严密规范监督程序，加强各监督主体之间的协调配合，形成“优势互补、监督有力、富有实效”的监督体系，充分发挥整体监督效能。

突出制约重点。近年来反腐实践证明，政府内部涉及财政资金分配使用、国有资产监管、政府投资、政府采购、公共

链接

对行政权力监督的八个方面内容

党内监督：党组织对行政机关贯彻执行党的重大路线方针政策、行政权力运行以及党员领导干部个人廉政等情况进行监督检查。

人大监督：人大通过执法检查、听取和审议政府工作报告、质询政府工作等，对政府进行监督，并有权对同级政府违法违规行政人员进行撤换和罢免。

民主监督：政协通过听取政府工作报告、讨论经济社会发展的方针政策和各项重要工作、视察政府工作、对政府工作提出意见和建议等形式，对行政权力运行和政府工作进行监督。

行政监督：主要是行政监察机关依法对行政机关的行政行为、行政人员及由国家行政机关任命的国有企事业单位领导干部的职务行为和相关个人行为所实施的监督，以及各级政府对其所属部门、上级政府对下级政府依据行政权力隶属关系所实施的政府内部层级监督。

司法监督：主要是人民法院通过受理行政诉讼、审理行政案件而撤销行政机关作出的违法行政行为所实施的监督；人民检察院在履行职责中发现行政机关违法行使职权或者不行使职权的行为，应该督促其纠正。

审计监督：通过审计手段，管住国家的钱，看好行政的权，揭露违法违规行为，制约和监督财权、物权等的行使。

社会监督：宪法规定，公民对于任何国家机关和国家工作人员的违法失职行为，有向有关国家机关提出申诉、控告或者检举的权利，从而形成监督。

舆论监督：公民和包括新闻媒体在内的社会组织通过公开报道、评论、提出改进建议等手段，对政府机关及其工作人员的监督与制约。

资源转让、公共工程建设等领域权力比较集中，是导致权力滥用和失控的“重灾区”，是酿成“塌方式腐败”现象的重要根源。要对此类部门和岗位实行分事行权、分岗设权、分级授权，定期轮岗，强化内部流程控制，推进决策权、执行权、监督权适度分解与制衡。同时，针对政府自身容易产生的“捂盖子”“护犊子”行为，要完善内部层级监督和专门监督，建立常态化监督制度，完善纠错问责机制，健全责令公开道歉、停职检查、引咎辞职、责令辞职、罢免等问责方式和程序。

推进政务公开。公开与透明，是对权力最好的监督。要坚持以公开为常态、不公开为例外原则，推进决策公开、执行公开、管理公开、服务公开、结果公开。各级政府及其工作部门要依据权力清单，向社会全面公开政府职能、法律依据、实施主体、职责权限、管理流程、监督方式等事项。随着互联网的不断普及，政务公开要加快信息化步伐，加强互联网政务信息数据服务平台建设，加强便民服务平台建设，畅通与群众的沟通渠道。

深阅读

《全国人民代表大会常务委员会关于修改〈中华人民共和国行政诉讼法〉的决定》(2014年11月1日)，中国人大网。

7

让每一个司法案件体现公平正义

——怎样提高司法公信力

我国最早的字书《说文解字》中这样解释“法”：“平之如水，从水。”可见在中国传统文化中，像水那样平的“法”，包含着深刻的公平意义。公平、公正是法治的生命线，也是司法的灵魂，是人民群众感知法治建设的一把尺子。党的十八届四中全会强调指出，司法公正对社会公正具有重要引领作用，司法不公对社会公正具有致命破坏作用。全面推进依法治国，必须保证公正司法、提高司法公信力，努力让人民群众在每一个司法案件中感受到公平正义。

一 怎样理解司法不公的致命破坏作用

英国著名哲学家培根有一句话在法学界广为流传："一次不公正的审判，其恶果甚至超过十次犯罪。因为犯罪虽是无视法律——好比污染了水流，而不公正的审判则毁坏法律——好比污染了水源。"这个比喻形象地说明了公正是司法活动的灵魂和法治的生命线，司法不公会造成严重的后果和致命的破坏作用。

司法是调整社会关系和社会秩序的总开关，是法律实施的核心环节。我们党历来重视实现和维护司法公正，把促进社会公平正义作为司法工作的核心价值追求。近年来，特别是党的十八大以来，中央出台和落实了一系列司法体制改革的基础性、制度性措施，有力推进了公正高效权威的社会主义司法制度建设。但同时也要看到，当前司法不公、司法公信力不高的问题仍比较突出，一些司法人员作风不正、办案不廉，办金钱案、关系案、人情案，"吃了原告吃被告"，有的有案不立、有

链接

灋

法，古写作"灋"。这是一个会意字，左从"水"，表示法律、法度公平如水的表面；右上从"廌"（zhì），即解廌，神话传说中的一种神兽，据说它能辨别曲直；右下从"去"，表示在审理案件时，廌能够用角把罪犯"触而去之"。

罪不究，有的越权管辖、插手经济纠纷，有的刑讯逼供甚至徇私舞弊、贪赃枉法，等等。这些现象侵害群众权益，践踏法律尊严，逾越了社会公正的底线。

司法不公严重侵害群众合法权益。司法活动承担着权利救济、定分止争的社会功能，人们的生命、财产、健康、安全等各项权益保障都与司法活动密切相关。同时，随着人民群众法治意识的增强，遇事“找法律”“讨说法”的现象越来越多，司法途径成为老百姓维护自身权益的普遍选择。司法不能主持公道，就会造成对群众合法权益的严重侵犯。如果司法不公得不到扭转和更正，群众利益就失去了最基本的法律保障。

司法不公严重损害法律权威和法治公信。司法是国家强制力的具体体现，是法律权威的最重要渊源。“公生明，廉生威。”只有司法公正，人们才能对法律产生信赖和尊重。司法公正是具体的而不是抽象的，它存在于每一个具体案件之中，存在于每一个当事人的具体感受之中。一个错案的负面影响足以摧毁99个公正裁判积累起来的良好形象。司法不公会严重挫伤公众对司法的信任，践踏法律的尊严和权威，进而对法治公信力造成难以挽回的损害。

司法不公严重戕害社会公平正义。实现社会公平正义是我们党治国理政的一贯主张，也是社会主义核心价值观的基本要求。司法是维护社会公平正义的最后一道防线。人民群众每一次经历司法不公，损害的都不仅仅是他们的合法权益，更是他

声音

司法机关应切实肩负起维护公平正义的神圣职责

周强（最高人民法院院长）：在法治条件下，公正司法在消除社会不公、维护公平正义方面扮演着重要角色，是维护社会公平正义的最后一道防线。司法机关应当切实肩负起维护公平正义的神圣职责，牢牢坚持司法为民、公正司法，严肃认真地对待每一起案件，坚决防止和依法纠正冤假错案，靠一个个具体案件的公正审判，提升司法公信力，维护司法权威。

们对社会公平正义的信心。如果司法这道防线缺乏公信力，罪恶不受惩处、正义无法伸张，社会公正也就无从谈起了。

究其根本，司法不公的深层次原因在于司法体制不完善、司法职权配置和权力运行机制不科学、人权司法保障制度不健全。“凡法事者，操持不可以不正。”公正司法代表了国家法治文明程度，是国家治理体系和治理能力现代化的重要支撑。为保障公正司法，党的十八届三中全会对深化司法体制改革提出了一系列措施，党的十八届四中全会进一步明确了提高司法公信力的目标和工作重点，回应了社会对公平正义的高度关切，为更好实现司法公正提供了基本遵循。

二 怎样确保依法独立公正行使司法权

2014 年 11 月，甘肃省出台了关于党政机关及其领导干部支持司法机关依法独立公正行使职权的规定，从 10 个方面对该省各级党政机关及其领导干部支持司法机关依法独立公正行使职权作出规定、提出要求。这是贯彻落实党的十八届四中全会精神，确保依法独立行使司法权、保证司法公正的有效举措。

马克思说过："法官是法律世界的国王，除了法律就没有别的上司。"法官手握定分止争、生杀予夺的权力，只有依据法律独立进行裁判，除了法律不受任何其他因素非法干扰，才能保证司法公正。这也就是古人所说的"法不阿贵，绳不挠曲"。为保证国家法律公正实施，我国宪法明确规定：人民法院和人民检察院依法独立行使审判权、检察权，不受行政机关、社会团体和个人的干涉。在实践中，也通过一系列重要制度安排和程序设计，确保司法机关依法独立公正行使职权。

同时我们也看到，目前在保障依法独立公正行使司法权方面还存在不少问题，尤其是以权压法、干预司法的现象还比较突出，社会反映比较集中。针对这些问题，党的十八届三中全会就提出，要推动省以下地方法院、检察院人财物统一管理，探索建立与行政区划适当分离的司法管辖制度等，这些改革举措正在扎实推进。党的十八届四中全会针对司法领域存在的突出问题，着眼确保依法独立公正行使司法权，从内、外两个方面作出了进一步的具体部署。

在排除来自外部的干预方面，有一个重要的制度创新，就是建立领导干部干预司法活动、插手具体案件处理的记录、通报和责任追究制度。也就是说，任何领导干部违法干预司法机关办案，都将被记录、通报，并给予党纪政纪处分，造成冤假错案或其他严重后果的，要依法追究刑事责任。这对违法干预

链接

甘肃省关于党政机关及其领导干部支持司法机关依法独立公正行使职权的规定的有关内容

- 全省各级党政机关及其领导干部不得为了地方、部门利益和个人私利，通过打招呼、批条子、递材料或者其他明示、暗示方式，干预司法案件办理，一律不得对具体案件的定性或者实体处理提出倾向性意见，不得代替司法机关拍板定案。
- 全省各级党委政府及有关部门不得向司法机关下达罚没、收费指标，不得要求司法机关超越法定职权参与招商引资、土地征用、房屋拆迁等活动。
- 全省各级司法机关应当建立健全并严格执行党政机关及其领导干部干预司法活动、插手具体案件处理的记录、报告制度，明确细化记录、报告内容和程序。
- 全省各级组织人事部门应当把遵守法律、依法办事、支持司法机关依法独立公正行使职权情况，纳入党政领导干部政绩考核体系，作为考察干部的重要内容。
- 全省各级纪检监察机关应当建立党政机关及其领导干部干预司法活动、插手具体案件处理的责任追究制度。

司法划出了"红线","递条子""打招呼"插手具体案件的现象将得到有效制止。

在排除来自内部的干扰方面，围绕明确司法机关内部各层级权限、健全内部监督制约机制，推出了一系列新的制度规定。比如，建立司法机关内部人员过问案件的记录制度和责任追究制度，完善办案人员办案责任制，做到谁办案谁负责、不办案不插手，有效防止内部人员利用上下级、同事、熟人等关系打听案情、说情、施压；还比如，全会提出健全司法人员履行法定职责保护机制，非因法定事由，非经法定程序，不得将法官、检察官调离、辞退或者作出免职、降级等处分，其目的就是为司法人员独立办案"撑腰打气"、解除后顾之忧。

微评

- 审判的不公正，很容易让老百姓对法院失去信赖，从根本上动摇对法治建设的信心。
- 正义从来不会缺席，只会迟到。迟到的正义，效果将大打折扣。
- 如果法院都不能给老百姓公平公正，老百姓就失去了获得权利救济的最后机会。
- 正义不仅应得到实现，而且要以人们看得见的方式加以实现。

因此可以说，确保依法独立公正行使司法权，是我国司法制度一贯坚持的重要理念，也是司法体制改革的努力方向。但提到依法独立公正行使司法权，一些人就把它同西方国家的"司法独立"作比较，甚至想当然地认为"中国司法不独立"，有的还主张效仿西方国家那一套司法制度。对此应当怎么看呢？

要看到，司法制度作为政治上层建筑的一部分，是由经济基础决定的，是同国家的社会制度、历史文化传统密切相关的。即使在西方，不同国家的司法制度也不尽相同，也是从各自的独特历史和国情实际中走到今天的。而且无论是过去还是现在，它们本身也存在很多问题。比如最近，美国由弗格森枪击案引发的席卷全国的抗议浪潮，充分反映美国民众对司法制度的严重质疑和不信任。民调显示，美国大部分非洲裔民众认为案件的判决不公正，认为美国司法系统存在严重的种族歧视。其实，这些都还是表面问题。如果分析西方“司法独立”的本质，不难发现，所谓“三权分立”实际上只是资产阶级内部不同利益集团之间的分权，所谓“司法独立”也只是相对的，始终受到立法、行政、政党、媒体、民众等多方面的限制和制约。而我国实行的是人民代表大会制度，人民代表大会不仅是立法机关而且是权力机关，人民法院、人民检察院由人民代表大会产生，对其负责，并受其监督。这样既能使审判、检察机关的工作符合最广大人民的意志，又能使其在法律规定的职权范围内各自独立行使司法权，从而实现各项工作的高效有序运转。

总之，我们所说的“依法独立公正行使司法权”，与西方所谓“司法独立”根本不是一回事。当然，我们的司法制度还需要不断完善，并需要借鉴世界各国包括西方国家司法实践的一些有益做法。但必须搞清楚的是，我们决不能照搬西方所谓“司法独立”模式。如果丢弃自己已见成效的东西，去盲目照搬别人那一套，到头来只会舍本逐末，甚至会误入歧途。

三 为何要探索设立跨行政区划的法院和检察院

在我国，法院和检察院系统可分为地方各级人民法院和检察院、专门人民法院和检察院、最高人民法院和检察院三种。其中，与百姓生活息息相关、承担各类案件的主体是地方各级人民法院和检察院，依据行政区划分为省、市、县三级，其机构设置、隶属关系地方化色彩明显。

随着经济社会发展，地方法院受理的民商事案件、行政诉讼案件以及检察机关查办的职务犯罪案件日益增多，跨行政区划的当事人越来越多，涉案金额越来越大，许多案情重大、复杂。有的地方党政机关或领导干部利用职权和关系插手案件处理，导致诉讼出现“主客场”、程序“空转”、案件查办受阻停滞等司法不公现象。这不仅严重影响依法保障相关当事人的合法权益，也妨碍了法院和检察院依法独立公正行使职权，有损司法公信力。

为解决这一突出问题，必须优化司法职权配置，对法院、检察院的设置进行必要的调整和完善。党的十八届四中全会提出了探索设立跨行政区划的人民法院和人民检察院的重要举措。具体来说，就是着眼于排除地方保护主义对审判和检察工作的干扰，设立跨行政区划的人民法院和人民检察院，办理跨地区案件，以保证司法的公正和权威，推动构建普通案件在行政区划法院审理、特殊案件在跨行政区划法院审理的诉讼格局。这项改革，可通过改造现有铁路运输法院和检察院，充实审判人员、检察人员来逐步实现，必将有利于保障法院和检察院依法独立公正行使职权，有利于保障人民群众在每一个司法案件中感受到公平正义。

同时，围绕优化司法职权配置，党的十八届四中全会《决定》还提出了一系列有针对性的举措。比如，推行审判权和执行权分离，改革司法机关人财物管理体制，探索实行法院、检察院司法行政事务管理权和审判权、检察权相分离，积极探索

图说

上海首设跨行政区划法院检察院

2014年12月28日上午，全国首个跨行政区划法院、检察院——上海市第三中级人民法院、上海市人民检察院第三分院正式成立。上海市第三中级人民法院依托上海铁路运输中级法院设立，将跨区域管辖部分行政诉讼案件及其他重大案件。

符合我国国情特点的司法机关人财物管理体制。比如，实行立案登记制，对人民法院依法应该受理的案件，做到有案必立、有诉必理，有效化解群众诉讼难，并加大对虚假诉讼、恶意诉讼、无理缠诉行为的惩治力度。比如，完善审级制度，进一步明晰各审级功能定位，一审重在解决事实认定和法律适用，二审重在解决事实法律争议、实现二审终审，再审重在解决依法纠错、维护裁判权威。比如，完善办案责任制，落实"谁办案谁负责"，明确内部各层级权限，建立司法机关内部人员过问案件的记录制度和责任追究制度，健全内部监督制约机制。

四 怎样推进以审判为中心的诉讼制度改革

在我国刑事诉讼制度中，公、检、法犹如一条流水线，是一个既紧密联系又各司其职，既相互配合又相互制约的完整链条。其中，公安机关是侦查机关，负责侦查、搜集、固定证据；检察机关是公诉机关，负责审查证据，确保证据充分并提起公诉；法院是审判机关，在控辩双方充分举证、质证、辩论后，通过法庭审判作出公正裁决。

在这个链条上，审判作为刑事诉讼的最后一道程序，是参与的诉讼主体最多的诉讼程序，也是最终对案件作出裁判并承担法律责任的诉讼程序，理应占据中心地位。然而，过去司法实践中存在"侦查中心主义"倾向，对审判重视不够，一些关键证据没有收集或者没有依法收集，一些案件没有达到“案件事实清楚、证据确实充分”的法定要求就进入庭审，这在司法圈内被称为“公安做什么，法院就吃什么”。这种情况下，法院如果判被告人有罪，容易造成冤假错案，如果判无罪，又要承受社会各方压力，致使审判人员既害怕“错判”，又担心“错放”，骑虎难下、进退两难，很纠结。

为此，党的十八届四中全会提出了推进以审判为中心的诉讼制度改革，就是要高度重视、切实发挥审判程序的职能作用，促使侦查程序和公诉程序始终围绕审判程序的要求进行，确保侦查程序和公诉程序的办案标准符合审判程序的法定定案标准。这样，就能从源头上防止事实不清、证据不足的案件或者违反法律程序的案件“带病”进入审判程序，从而有效防范冤假错案，提高办案质量。

从具体操作层面看，推进以审判为中心的诉讼制度改革，需要全面贯彻证据裁判原则，并充分发挥庭审的决定性作用。全面贯彻证据裁判原则，就是所有办案机关和诉讼参与人，都要树立重证据、重调查研究、不轻信口供的意识，坚持依法收集、固定、保存、审查和运用证据，确

微评

- 司法者决不能突破法律和道德底线，只要一次违法违纪，必须“终身禁业”。
- 司法腐败是最大的腐败，司法不公是最大的不公。
- 如果法官不为人民而为钱财，那么人民群众对法治的信仰就会荡然无存。

保侦查、审查起诉的案件事实证据经得起法律的检验。充分发挥庭审的决定性作用，就是办案机关和诉讼参与人都要围绕庭审开展诉讼活动，改变庭审“走过场”现象，树立庭审权威，保证庭审在查明事实、认定证据、保护诉权、公正裁判中发挥决定性作用。

以审判为中心的诉讼制度改革是保障严格司法的重大举措，在这方面党的十八届四中全会《决定》还提出了一系列明确、具体的任务措施。比如，强调坚持以事实为依据、以法律为准绳，提出要健全事实认定符合客观真相、办案结果符合实体公正、办案过程符合程序公正的法律制度。比如，提出要明确各类司法人员工作职责、工作流程和工作标准，构建确保严格、公正、高效办案的侦查、公诉和审判工作流程，依法管控好办案流程的关键节点，倒逼严格司法。比如，提出要推行办案质量终身负责制，要求建立科学合理、切实可行的案件质量终身负责制度，实行错案责任倒查问责制，确保案件经得起法律和历史的检验。

五　怎样加强人权司法保障

人权是人依法拥有的权利和自由，就像鱼儿拥有水、鸟儿拥有天空一样。尊重和保障人权，是社会主义制度的本质要求，也是我国宪法的重要原则。司法肩扛公正天平、手持正义

链接

“民告官”迈入“2.0时代”

2014年11月1日，十二届全国人大常委会第十一次会议高票表决通过了修改行政诉讼法的决定，标志着“民告官”正式迈入“2.0时代”，对于保障公民行政诉讼权利具有重要意义。

修改后的行政诉讼法主要亮点有：（一）扩大受案范围；（二）行政机关不得干预、阻碍法院立案；（三）法院在接到起诉状时对符合法律规定的起诉条件的，应当登记立案；（四）起诉期限延长到六个月，涉及不动产的可延长至二十年；（五）增加调解制度，调解应当遵循自愿、合法原则；（六）人民检察院对行政诉讼案件的受理、审理、执行等问题要参照民事诉讼法的规定；（七）被诉行政机关负责人应当出庭应诉；（八）经最高人民法院批准，可确定若干人民法院跨行政区域管辖行政案件；（九）经复议的案件，复议机关决定维持原行政行为的，作出原行政行为的行政机关和复议机关是共同被告；（十）可拘留拒不执行的行政机关直接责任人。

法槌，是保障人权的坚强后盾。通过司法活动，守好保障人权的屏障，既是建设社会主义法治国家的一贯追求，也是实现司法公正的核心所在。

近年来，我国的人权司法保障取得了长足进展，人权保障制度不断完善，但在现实生活中侵犯人权的现象仍比较突出。因此，必须把加强人权司法保障作为保证公正司法、提高司法公信力的重要任务，对侵犯人权的各种行为“亮剑”，促使公权力依法严格行使、司法机关严格公正司法，这对于贯彻我们党执政为民、司法为民宗旨，发展社会主义政治文明，推进法治中国建设都具有重要意义。

强化保障诉讼权利。诉讼权利是国家法治水平和人权保障水平的测量器。随着法治建设的逐步推进，关于诉讼权利的规定有的还待进一步落实，有的还需要继续完善。要切实保障知情权，让当事人明明白白打官司；切实保障陈述权、辩护辩论权，让诉讼参与人能说话、敢说话、说真话、说实话；完善诉权救济机制，为诉讼权利受到不当限制或者非法侵犯的当事人提供畅通的救济通道。

严格防范冤假错案。要健全落实罪刑法定、疑罪从无、非法证据排除等法律原则的法律制度，完善对限制人身自由司法措施和侦查手段的司法监督，加强对刑讯逼供、非法取证的源头预防，健全冤假错案的有效防范、及时纠正机制。

切实解决执行难题。“执行难”是削弱司法权

问与答

问：什么是疑罪从无原则？

答：“疑罪”，是指既不能证明被告人有罪又不能证明被告人无罪的两难情况。新修订刑事诉讼法第一百七十一条、第一百九十五条对此都作出了明确规定，强调证明有罪的责任应由控诉机关来承担，控诉机关必须收集到确实充分的证据以证明犯罪，如果证据不足，不能认定被告人有罪的，应当作出证据不足、指控的犯罪不能成立的无罪判决。

图说

江西南昌多管齐下破解执行难

近年来，江西省南昌市中级人民法院拓展执行手段，与金融、房管等部门实施联动，通过曝光“老赖”名单、网络查控银行账户等创新手段，有效破解执行难问题。图为法院工作人员对执行标的进行查封。

威、影响司法公正的一个顽疾。要加快建立失信被执行人信用监督、威慑和惩戒法律制度，加大对“老赖”们的曝光和制裁力度，使之不敢、不能抗拒执行，依法保障打赢官司的人及时实现权益。要针对“执行乱”“执行软”问题，制定强制执行法，规范查封、扣押、冻结、处理涉案财物的司法程序。

依法保障申诉权利。申诉权是法律赋予群众的一项监督权和救济权。要落实终审和诉讼终结制度，实行诉访分离，防止案件终审不终。保障当事人申诉权利，对依法进行的申诉行为，不得扣押申诉材料、不得限制人身自由、不得扣押申诉人合法财产、不得拦卡堵截上访活动。对合法正当的申诉请求，要依法及时解决问题，防止申诉程序空转、申诉权利虚置。对不服司法机关生效裁判、决定的申诉，要逐步实行律师代理申诉制度，对聘不起律师的申诉人，要纳入法律援助范围，切实解决人民群众申诉难问题。

六 怎样防止司法领域腐败

2014 年年初，销声匿迹数年的广东健力宝集团原董事长张海再次成为新闻热点。2007 年被判十五年有期徒刑的张海，通过贿赂监狱管理人员、伪造立功材料等手段，缩短刑期九年多，2011 年 1 月出狱逃往海外。检察机关对这起典型的司法腐败案件进行立案，与之有关的数十人被调查，有效地打击了腐败分子，震慑了违法乱纪人员。

司法机关的清正廉洁，直接关系到司法公正，关系到社会公平。不可否认，现在司法领域的腐败问题还较为突出，比如“案子一进门，两头都托人”，关系案、人情案、金钱案等屡禁不止，群众对此反映强烈。司法腐败就像一个“毒瘤”，吞噬司法公信力，损害司法权威，滋生和助长其他腐败，危害党和国家事业健康发展。

党的十八届四中全会提出，要对司法领域的腐败零容忍，坚决清除害群之马。必须以最坚决的意志、最坚决的行动扫除司法领域的腐败现象，织密织牢反司法腐败的天网，“老虎”“苍蝇”一起打，使之无处藏身。

加大查处力度。只有重拳出击、猛药去疴，才能对司法腐败分子形成强大震慑力。要严肃查办司法领导机关和领导干部滥用权力、贪污贿赂、失职渎职等案件，一查到底，绝不手软。要进一步强化对立案审判、减刑假释等腐败易发多发环节的监管力度，发现案件及时查处。对因违法违纪被开除公职的司法人员、吊销执业证书的律师和公证员，要终身禁止从事法律职业。要实行办案质量终身负责制和错案责任倒查问责制，使司法腐败分子最终难逃法网。

提高队伍素质。司法人员素质高，才能惩恶扬善、弘扬正气，才能公正廉洁、克己奉公。要加强司法队伍建设和司法机关各级领导班子建设，把思想政治建设摆在首位，加强理想信念教育，加强法治理念教育和警示教育，建设高素质的司法专门队伍。要推进司法队伍正规化、专业化、职业化，提高职业素养和专业水平。进一步完善司法职业准入制度，建立从符合

声音

集中整治司法不规范“顽症”

曹建明（最高人民检察院检察长）：一些司法不规范的“顽症”根深蒂固。有的司法作风简单粗暴，有的执行法律规定和制度规范各取所需，有的认为办案规范束缚手脚，对监督管理有抵触情绪，同时一些制度规范的落实在基层还有“盲区”。对滥用强制措施、违法扣押冻结处理涉案财物、阻碍律师会见、不严格执行同步录音录像等“顽症”，要开展专项整治，进一步完善司法规范体系，坚决反对和克服特权思想、霸道作风，决不允许办关系案、人情案、金钱案。

图说

“最美基层法官”彰显法治精神

2014年10月20日，中央宣传部、最高人民法院向全社会公开发布10位“最美基层法官”的先进事迹。10位基层法官来自不同地方、不同单位，在他们身上集中展现了当代基层法官的良好精神风貌。

条件的律师、法学专家中招录法官、检察官制度，建立法官、检察官逐级遴选制度。要规范和完善考核机制，凡思想道德和工作素质方面存在问题或问题较大的司法人员，要视情节将其调离岗位直至调出司法队伍。

推进阳光司法。阳光是最好的防腐剂，只有让司法权力运行从“暗室”进入“玻璃房”，才能防止暗箱操作，最大限度地压缩徇私舞弊的空间。要进一步扩大司法公开范围，构建开放、动态、透明、便民的阳光司法机制，推进审判公开、检务公开、警务公开、狱务公开，依法及时公开执法司法依据、程序、流程、结果和生效法律文书。要创新司法公开形式，把公开的载体拓展到网络、手机等新兴媒介。要保障人民群众参与司法，完善人民陪审员制度，扩大参审范围，在司法调解、司法听证、涉诉信访等司法活动中保障人民群众参与。

强化监督机制。对司法活动进行监督的核心，就是规范和约束司法权的行使，以确保其依法正确运行。要完善检察机关行使监督权的法律制度，进一步完善监督的范围、方式、程序及保障措施，加强对刑事诉讼、民事诉讼、行政诉讼的法律监督。要完善人民监督员制度，改革选任和管理方式，拓展监督案件范围，重点监督检察机关查办职务犯罪的立案、羁押、扣押冻结财物、起诉等环节的执法活动。重视和规范舆论监督，司法机关应该及时回应社会关切，规范媒体对案件的报道，避免炒作渲染，防止舆论影响司法公正。

深阅读

《人民法院第四个五年改革纲要(2014—2018)》，最高人民法院网站。

8

从“中国式过马路”谈起

——怎样增强全民法治观念

“凑够一撮人就走，管它红灯绿灯。”曾经有一段时间，“中国式过马路”现象引起社会广泛关注和热议。为什么大家都知道“红灯停，绿灯行，黄灯亮了等一等”，但仍要违反交通规则，甚至还冒着安全风险呢？这折射出人们规则意识的淡薄和法治观念的缺失。法律权威源自人民的内心拥护和真诚信仰。只有在全社会大力弘扬法治精神，增强全民法治观念，才能为全面推进依法治国打下坚实基础，更好地推进法治中国建设。

一 为何法律权威要靠人民来维护

人民是依法治国的主体和力量源泉。人民权益要靠法律保障，法律权威要靠人民维护。只有人民内心拥护法律，全社会信仰法律，法律才能发挥作用，法律权威才能真正树立。正如法国启蒙思想家卢梭所说："一切法律中最重要的法律，既不是铭刻在大理石上，也不是铭刻在铜表上，而是铭刻在公民的心中。"

改革开放以来，我国社会主义法治建设取得历史性成就，同时法治领域还存在一些突出问题。比如，一些领导干部法治意识不强，以言代法、以权压法、徇私枉法等问题依然存在；部分群众"信权不信法""信钱不信法""信访不信法"，遇事找熟人、走关系等现象较为普遍；一些地方"工闹""医闹""拆迁闹剧"等情况比较严重；等等。这些问题和现象之所以存在，甚至成为顽疾，细究起来，一个"根子"在于全社会法治意识不强，法治观念还没有真正树立。

1992 年，电影《秋菊打官司》轰动一时。那个为了"讨个说法"而挺着怀孕的大肚子一次次上告的农妇，几乎成了中国法治进程中的一个符号，象征着在这个有数千年人治传统的国家中，人们法治观念、权利意识的一次深刻觉醒。从总体上讲，广大干部群众法治意识在不断提升，但思想观念的转变是一个长期的过程，不可能一蹴而就、朝夕即成。增强全民法治

声音

全社会树立法治意识是全面推进依法治国的基础

吴爱英（司法部部长）：法治意识是人们对法律发自内心的认可、崇尚、遵守和服从。如果一个社会大多数人对法律没有信任感，认为靠法律解决不了问题，那就不可能建成法治社会。因此，一定要引导全社会树立法治意识，使人们发自内心地对宪法和法律信仰与崇敬，把法律规定内化为行为准则，积极主动地遵守宪法和法律。只有这样，才能为全面推进依法治国，实现科学立法、严格执法、公正司法、全民守法奠定坚实的思想基础。

观念，仍然是我们面临的一项长期而艰巨的任务。

应当看到，当前群众法治观念淡薄，原因是多方面的。我国有着两千多年的封建专制历史，人治思想根深蒂固，人治文化传统源远流长，成为制约人们现代法治观念形成不可忽视的因素。加之在现实生活中，有法不依、执法不严、违法不究等现象的存在，客观上造成了“违法成本低、守法成本高”的后果，不同程度削弱了法律的权威。此外，这些年来法治宣传教育成效明显，但一些地方依然存在重形式、轻实效的问题，影响了人们法治观念的树立。

法治观念是法治的重要基础。法律只有被认同、被信仰，成为内化在人们思想中、熔铸到人们头脑中的强大观念，人们才会自觉自愿地遵守法律，把依法办事当成自己的生活习惯。

因此，必须强化法治宣传教育，大力弘扬社会主义法治精神，增强全社会厉行法治的积极性和主动性，形成守法光荣、违法可耻的社会氛围，使全体人民都成为社会主义法治的忠实崇尚者、自觉遵守者、坚定捍卫者。

二 为何要建设社会主义法治文化

法治文化是一个社会的法律制度及其实践所具有的文化内涵。人类早期的成文法常常铭刻在铜表或石柱上，但铸鼎未必传世，勒石未必长存，真正流传下来的是“铭刻”在全体社会成员心中的法治精神。历史发展表明，蕴含、体现和弘扬法治精神的法治文化是一个国家或民族在长期积淀中形成的，对法治建设起着无可替代的支撑作用。

图说

法治文化公园受百姓欢迎

近年来，一些地方为加强法治文化建设，兴建了一批法治文化公园。公园以石雕、碑刻、橱窗等多种形式宣传常用法律法规，传播法治理念，寓教于乐，让老百姓“能看懂、能喜欢、能接受”，取得了良好效果。图为江苏省苏州市高新区法治文化主题公园里的法治漫画故事。

建设社会主义法治文化，是党的十八届四中全会提出的重要任务，这是一个既具有时代性，又具有深远历史意义的课题。为什么要加强法治文化建设？这是因为，法治文化是社会主义法治的“灵魂”，是我们全面推进依法治国的内在动力。无论是坚持走中国特色社会主义法治道路，还是推进中国特色社会主义法治体系建设，都离不开法治文化在精神与价值层面上的培育与熏陶。唯有让法治成为一种文化、一种信仰、一种核心价值，内化于心、外化于行，才能实现真正的良法善治。

我们要建设的法治中国，是制度、机制、文化的有机统一。全面推进依法治国，就要在着力完善法律制度、加强法律实施的同时，在继承历史传统、总结成功经验的基础上，调动全社会的力量，不断完善机制、创新形式，着力建设社会主义法治文化，使法治意识、法治观念、法治思维在全社会牢固树立起来。

夯实法治宣传教育这个基础。文化的培育不可能速成，必须持之

微评

- 法律只有被信仰，成为坚定的信念，才能内化为人们的行为准则。
- 当前有些地方的普法宣传搞大呼隆，看似热热闹闹，但常识性的“通货”太多，个性化的“精品”太少。
- 法治只有融入社会生活，化为群众需求，才能真正有生命力。
- 依法治国不仅是国家和社会治理的革命，甚至也是触及党员干部灵魂的革命。

问与答

问： 什么是五年普法规划？

答： 1985年11月，第六届全国人民代表大会第十三次会议作出《关于在公民中基本普及法律常识的决议》，规定从1986年起，争取用五年左右的时间，有计划、有步骤地在一切有接受教育能力的公民中，普遍进行一次普及法律常识的教育，并且逐步做到制度化、经常化，由此开始了中国法治史上的第一个五年普法。截至目前，我国已实施了六个五年普法规划，第六个五年普法规划即将于2015年完成。五年普法规划的实施，是中国特色社会主义法治建设的基础性、社会性工作，在改革开放30多年的法治进程中，发挥了独特的作用。

以恒、久久为功。1986年以来，我国已实施了五个五年普法规划，六五普法也即将完成，在增强全民法治观念方面取得明显成效。要进一步改进创新形式，着力增强法治宣传教育的针对性、实效性。青少年时期是人生成长的关键阶段，是价值观确立的重要时期。要坚持从娃娃抓起，把法治教育纳入国民教育体系，在中小学设立法治知识课程，开展基本法治知识教育，不断增强青少年的法治意识。要把法治教育纳入精神文明创建内容，体现到精神文化产品创作生产之中，广泛开展群众性法治文化活动，推动法律知识进企业、进乡村、进机关、进社区、进学校、进军营。

强化道德建设的支撑作用。没有道德的滋养，法治文化就缺少源头活水，法律实施就缺乏思想基础。在全面推进依法治

图说

山东枣庄设立法治业余课堂

山东省枣庄市市中区人民法院在辖区内各中小学设立“法治业余课堂”，组织法官志愿者在业余时间定期或不定期地到学校，义务对学生进行法治宣传教育。图为法官志愿者在给学生上课。

国过程中，要大力弘扬中华传统美德，深入挖掘中华优秀传统文化的思想精华和道德精髓，使其成为法治文化的重要源泉。加强公民道德建设，加大道德领域突出问题治理力度，提高全社会的思想道德水平，使尊法守法成为全体人民的共同追求和自觉行动。

发挥执法司法的引领作用。法律实施的过程，也彰显着蕴含其中的道德和价值理念，对法治文化的形成有着重大影响。在执法司法过程中，如果执法不严、司法不公，就会形成“破窗效应”，使法律成为“纸老虎”“稻草人”，而且对社会公正造成致命的破坏作用。因此，必须坚持严格执法、公正司法，把社会主义核心价值观贯穿于法律实施的每个环节，努力让人民群众在每一次执法行为、每一个司法案件中都能感受到公平正义，更好地营造扬善惩恶的社会风气。

三 为何要实行“谁执法谁普法”的普法责任制

搞好法治宣传教育，增强法治观念，离不开相应的制度保障。党的十八届四中全会提出，要实行国家机关“谁执法谁普法”的普法责任制。这是普法宣传教育机制的重要创新，对开展好全民普法必将发挥积极的推动作用。

“谁执法谁普法”，简而言之，就是属于哪个部门执行的法律，就由哪个部门负责向群众来宣传、来普及。比如，涉及交通安全的法律，就由公安机关负责宣传普及；涉及依法纳税方面的法律，就由税务部门负责宣传普及；涉及市场秩序管理、消费者权益保护方面的法律，就由工商部门负责宣传普及；等等。实行国家机关“谁执法谁普法”的普法责任制度，既是针对我国普法宣传教育的实际提出来的，也是总结借鉴已有实践经验提出来的。

一般来讲，让执法者来承担普法义务，是国际上有些国家的成功做法。执法部门及其公务人员熟悉相关领域的政策和法律，有责任、有义务将相关法律规定、法律程序等信息通过各种方式告知群众，帮助群众知晓和熟悉法律。近年来，我国部分地区执法部门深入基层开展普法活动，执法人员纷纷走上讲台、走进社区、深入农村，成为普法的主力军，在实践中收到了很好的效果。可见，落实好国家机关“谁执法谁普法”制度，既有利于提高执法者的责任意识，提高执法水平，降低执

图说

安徽淮北落实“谁执法谁普法”

安徽省淮北市工商部门落实“谁执法谁普法”要求，组织基层工商所工作人员开展“送法进社区”法治宣传活动，引导群众依法维权，理性消费。

法成本；也有利于培养群众的法治思维，引导群众以法治方式解决矛盾和问题，更好地推进法治建设。

一分部署，九分落实。再好的制度，不去执行，也是形同虚设。“谁执法谁普法”的责任制要真正落到实处，在实际工作中发挥作用，关键要把它具体化。要在总结实践经验的基础上，制定翔实的实施办法，使相关国家机关明确责任、任务、目标，同时制定考核体系，建立督察机制，做到管用有效。

实行“谁执法谁普法”的责任制，明确了执法机关的普法责任，是法治宣传教育的一个创新。同时要看到，普法工作是一项社会性、系统性工程，需要全党全社会共同努力。从各级党委和政府来说，要加强对普法工作的领导，进一步健全普法领导体制和工作机制。从宣传、文化、教育部门和人民团体来说，要发挥各自的职能作用，把普法作为重要工作任务，结合实际加以落实。对法官、检察官、律师等来说，要建立以案释法制度，立足各自优势，广泛开展以案说法、以案释法活动，充分发挥典型案例的教育警示作用。对各级各类媒体来说，要健全媒体公益普法制度，落实媒体的社会责任，特别是加强新媒体新技术在普法中的运用，切实提高普法实效。

四 为何领导干部带头是关键

"风成于上，俗化于下。"领导干部是国家各项法律法规的实施者、执行者，是社会主义法治建设的组织者、推动者，在全面推进依法治国方面肩负着重要责任。领导干部法治观念、法治意识如何，能不能推动和确保严格执法、公正司法，直接关系到法治建设的成效。

古人说，"其身正，不令而行；其身不正，虽令不从"。领导干部带头学法、尊法、守法、用法，就会成为引导群众尊重法律权威、自觉守法用法的重要带动力量。如果领导干部不信法、不尊法、不守法，甚至带头违法，对法律权威的损害将更为严重，在社会上造成的影响也更为恶劣。由此可见，增强全民法治观念，推动建设法治社会，领导干部是关键。领导干部自身带头了、做好了，就能以上率下，为全社会树立良好示范。

图说

辽宁沈阳让“法庭”进校园

辽宁省沈阳市开展“模拟法庭进校园”暨预防青少年违法犯罪主题教育活动，按照正规法庭规范和程序，再现法庭审判过程，以案释法，使广大青少年深受教育。

要带头学法。领导干部只有学好法律，掌握法律知识，才能增强法律意识、形成法治思维。如果领导干部不学法、不懂法，没有法治信仰，怎么当好领导？在现实生活中，很多领导干部身陷囹圄时才痛悔：不知法、不懂法害了自己！这也从反面告诉我们领导干部学法懂法的重要性紧迫性。要建立健全领导干部学法用法制度，把宪法法律的学习列入党委（党组）中心组学习内容，列为党校、行政学院、干部学院、社会主义学院的必修课，实现学法制度化、经常化。通过学习，领导干部不仅要熟悉掌握法律知识，还要深入理解法的价值、法的原理和法治精神；不仅要知道法律授予了什么权力，还要知道这些权力的边界在哪里，权力行使的程序、原则是什么。

要带头守法。学法懂法只是第一步，领导干部还要带头维护法律权威，自觉遵守法律。如果领导干部不遵守法律，怎么让群众遵守法律？领导干部要增强守法意识，对法律怀有敬畏之心，牢固确立法律红线不能触碰、法律底线不可逾越的法治观念，决不能行使法律没有授予的权力，更不能知法犯法、以言代法、以权压法、徇私枉法。党规党纪严于国家法律，领导干部不仅要严格遵守法律，还要以更高的思想觉悟、更高标准严格要求自己，带头遵守党规党纪。

要带头用法。衡量领导干部的领导水平，很重要的就是看其依法办事能力。每个领导干部想问题、作决策、办事情，第

链接

建立以案释法制度

以案释法是开展普法教育的有效手段。党的十八届四中全会对建立以案释法制度作出了重要部署。法官、检察官、行政执法人员、律师大都有着良好的职业素养、丰富的从业经验，要组织他们广泛开展以案说法、以案释法活动，充分发挥典型案例的教育警示作用。2014 年上半年，最高人民法院公开发布了三批 23 个典型案例，收到了很好的普法效果。同时，执法、司法机关还要定期编辑推出各类案例，增强公众对法律的理解和认知。

一原则就是按法律办事，不断提高运用法治思维和法治方式深化改革、推动发展、化解矛盾、维护稳定的能力。要把握好“法定职责必须为，法无授权不可为”的要求，自觉在法律约束下用权，在制度笼子里用权，决不允许出现“法外特权”。对领导干部的违法行为，不论职位多高、权力多大，都必须依法追究责任、依法加以惩处。

问与答

问：什么是法治思维？

答：法治思维是基于法治的固有特性和对法治的信念来认识事物、判断是非、解决问题的思维方式。它以严守规则为基本要求，强调法律的底线不能逾越、法律的红线不能触碰，凡事必须在既定的程序及法定权限内行动。法治思维的核心是权利义务观念，对于党员干部而言，除了具有公民应有的权利义务观念之外，还要有法治的权力观，即权力的有限性与程序性，以及守护法律、维护宪法与法律权威的职责意识。

制度管根本、管长远。领导干部能不能发挥带头作用，既要靠自觉，更要靠制度。党的十八届四中全会提出，要把法治建设成效作为衡量各级领导班子和领导干部工作实绩重要内容，纳入政绩考核指标体系，这就为领导干部带头提高法治思维和依法办事能力提供了制度保证。要发挥好考核评价和选人用人这个指挥棒的作用，把能不能遵守法律、依法办事作为考察干部的重要内容，在相同条件下，优先提拔使用法治素养好、依法办事能力强的干部。对特权思想严重、法治观念淡薄的干部要批评教育，不改正的要调离领导岗位。

深阅读

《中央宣传部、司法部关于在公民中开展法制宣传教育的第六个五年规划（2011—2015年）》，司法部网站。

9

法安天下　德润人心

——怎样理解坚持依法治国和以德治国相结合

法律与道德的关系，是古往今来一个永恒的话题，二者既彼此区别又不可分割，都是国家治理、社会运行不可或缺的重要手段。党的十八届四中全会提出要坚持依法治国和以德治国相结合，强调这是全面推进依法治国必须遵循的重要原则。今天我们建设社会主义法治国家，必须贯彻和落实好这一重要原则，坚持一手抓法治、一手抓德治，实现法律和道德相辅相成、法治和德治相得益彰。

一 法治与德治关系怎么看

“小智治事，中智用人，大智立法。”古往今来，法治都是治国理政不可或缺的重要手段。什么时候重视法治、法治昌明，什么时候就国泰民安；什么时候忽视法治、法治松弛，什么时候就国乱民怨。今天，依法治国已成为我们党领导人民治理国家的基本方略，依法执政已成为党治国理政的基本方式，我们建设法治中国的决心坚定不移。

但同时也要看到，法律不是万能的，仅靠法治这一手是不够的。法律是成文的道德，道德是内心的法律。法律的有效实施有赖于道德的支持，道德的自觉践行也离不开法律的强力约束；法律难以规范的领域，道德可以发挥作用，而道德无力约束的行为，法律则可以给予惩戒。可见，法治与德治如车之两轮、鸟之双翼，不可偏废，国家和社会治理需要法律和道德协同发力，需要法治和德治两手齐抓。

坚持法治和德治相结合，是对古今中外治国经验的深刻总结。

微评

- 法治与德治相辅相成。离开德治谈法治，犹如缺少精神支柱的人，光有骨架，没有内涵。
- 法律和道德，一个是硬约束、一个是软约束，一个是外在的他律、一个是内心的自律，但二者又具有内在一致性。
- 依法治国是外化于行，以德治国是内化于心。
- 法律是准绳，任何时候都不能违背；道德是基石，任何时候都不可忽视。

我国既有久远的法制传统，又有厚重的道德传承。从孔子提出“宽猛相济”，到孟子提出“徒善不足以为政，徒法不能以自行”；从荀子提出“隆礼重法”，到汉代董仲舒强调“阳为德，阴为刑”；从唐代提出“制礼以崇敬，立刑以明威”，到宋元明清时期一直延续德法合治，都体现了德治与法治相结合的治国之道。从世界范围看，凡是社会治理比较有效的国家，大都坚持把法治作为治国的基本原则，同时注重用道德调节人们的行为。

问与答

问：“徒善不足以为政，徒法不能以自行”是什么意思？

答：这句话出自《孟子·离娄上》，意思是：只有善德不足以处理国家的政务，只有法令不能够使自己发生效力。意谓治理国家必须把行善政与行法令结合起来。

问：“奉法者强则国强，奉法者弱则国弱”是什么意思？

答：这句话出自《韩非子·有度》，意思是：执行法令的人坚决，国家就会富强；执行法令的人软弱，国家就会贫弱。说明依法办事是国家强盛的保证，如果有法不依，或执法不严，国家就很难治理好。

坚持法治和德治相结合，是中国特色社会主义法治道路的一大优势。经过长期实践探索，我们走出了一条自己的法治道路，法治建设取得历史性成就。这条法治道路内涵十分丰富，其中一个重要方面，就是坚持法治、德治两手抓、两手硬。立足当前、面向未来，要把依法治国基本方略实行好，最关键的就要坚持走我们自己的法治道路，发挥好这条道路的鲜明特色和突出优势。这就要求我们更好地坚持依法治国和以德治国相结合，切实推进以德治为基础的法治建设、以法治为保障的德治建设。

坚持法治和德治相结合，也是现实的迫切要求。当前我国改革发展进入关键阶段，要应对前所未有的矛盾风险挑战，从根本上必须全面推进依法治国。应当清醒看到，我国法治建设还存在许多不适应、不符合的问题，要解决好这些问题单就法治论法治是不够的，必须着眼全局、系统谋划，特别要立足我国历史传统和现实国情，重视加强道德教育和思想引导，着力培植人们的法律信仰和法治观念，营造全社会都立规矩、讲规矩、守规矩的文化环境，使法律和道德在国家和社会治理中共同发挥作用。

声音

使法律和道德耦合成为强有力的“组合拳”

李忠杰（中央党史研究室副主任）：法律规范必须有道德基础，建立在一定的价值标准之上；而道德规范，在一定的条件下，也可能提升为法律制度，以强化其规范的力度。法制是硬约束，道德是软约束。许多社会领域，既需要有硬约束，也需要有软约束。硬约束用外部的强制力量规范行为，而软约束则侧重于解决人的思想观念问题。法律和道德共同协调，才能收到良好的效果。

二 怎样以道德滋养法治精神

位于长江之滨的江苏张家港，是我国犯罪率最低的城市之一。与之紧密相关的是，张家港还是首批获评全国文明城市的县级市。早在20年前，这里就以精神文明建设成就享誉全国。长期的文明浸润，涵养了这座城市的法治文化，孕育了张家港人的法治精神。

张家港的实践生动地说明，道德是培育法治精神的源头活水。法律依赖道德而被认同和遵行，一个人的道德觉悟提升了，必然会自觉尊法守法；全社会的道德水准提升了，法治建设才会有坚实的基础。坚持依法治国和以德治国相结合，必须重视发挥道德的教化作用，提高全社会文明程度，为法治实施创造良好人文环境。

在道德体系中体现法治要求。我国20字公民基本道德规范，第一个词就是“爱国守法”；24字社会主义核心价值观，“法治”赫然在列；以“八荣八耻”为主要内容的社会主义荣辱观，重要一项就是“以遵纪守法为荣、以违法乱纪为耻”。可见，守法不仅是法律义务，也是重要的道德要求。要继续完善社会主义思想道德体系，使之更好地与社会主义法律规范相衔接、相协调。各行业的职业道德规范，各地的市民公约、乡规民约，以及学生守则等行为准则，都应把尊法守法作为重要内容突出出来，强化人们的法治观念、法治意识。

图说

张家港永联村爱心互助街汇聚爱与温暖

江苏省张家港市永联村为提高村民的文明素养，利用3000平方米的公共用房建成了“爱心互助街”，设置了电子信息阅览室、红领巾驿站、健身房等十余个服务功能室，全村及外来工作人员中有2000多人报名成为社会志愿者，互帮互助，奉献爱心，使这条200多米长的小街成为交换和传递爱心的一条街。

在道德教育中突出法治内涵。道德教化，就是教人求真、劝人向善、促人尚美的过程，也是培育法治精神的重要渠道。要深入实施公民道德建设工程，加强社会公德、职业道德、家庭美德、个人品德建设。在这个过程中，特别要针对我国人情积习厚重、规则意识淡薄的情况，注重培育规则意识，倡导契约精神，弘扬公序良俗，引导人们自觉履行法定义务、社会责任、家庭责任。

在文化传承中涵养法治精神。几千年悠久厚重的中华文化，包含着丰富的道德资源，也包含着丰富的法制思想，是今天我们涵养法治精神的重要源泉。应大力弘扬中华优秀传统文化，深入挖掘其蕴含的“以法为本”“缘法而治”“刑无等级”“法不阿贵”“君臣上下贵贱皆从法”等思想精华，并做好创造性转化和创新性发展，使其在新的时代条件下发扬光大。

在文明创建中促进法治实践。道德重在践行，法治也重在践行。最好的道德和法治教育，是在日常生活中、在具体实践中，感受道德和法治的力量，树立崇德尚法的思想。要把法治文化活动纳入群众性精神文明创建中，广泛开展以法律援助、普法宣讲等为主题的志愿服务，让人们在丰富多彩的活动中受到法治熏陶、增强法治意识。引导人们积极参与乡村、社区、

图说

河北香河建立道德建设文化墙提升农村群众德育水平

河北省香河县在各乡镇的村街主干道设置了“道德建设文化墙”，以潜移默化的形式教育群众。图为香河农民观看道德建设文化墙。

图说

河南邓州“编外雷锋团”传播正能量

河南省邓州市群众自发成立“编外雷锋团”，发扬助人为乐、扶贫济困、奉献社会的雷锋精神，自觉传播正能量。图为“编外雷锋团”展览馆正式开馆。

企业等基层依法治理，积极参与公共管理，依法维护自身权益，让法治的种子在人们心里落地生根，在全社会开花结果。

三 怎样把道德要求贯彻到法治建设中

2013年11月21日，江苏扬州出租车司机程斌发现路边有人因车祸受伤昏迷，立即将其火速送往医院。一路上，他连闯7个红灯，为伤者赢得宝贵的抢救时间。人们在交口称赞他的义举的同时，也在关注他会不会因为闯红灯被处罚。交警部门表示，按照现行道路安全有关法律规定，如果有医院病历等证明材料，因救助危难病人造成的超速、闯红灯等行为可免于处罚，这让人们松了一口气。不让好人吃亏，体现了法律对助人为乐善举的保障与鼓励。

我们常说，法理不外乎人情；西方也有法律谚语说：“法律之内，应有天理人情在。”法律一般都体现着道德判断、体现着道德取向，只有符合人民道德意愿、符合社会公序良俗，法律才能被人们所信仰、所遵守。因此，无论立法、执法还是司法，都应体现社会主义先进道德的要求，都应把社会主义核心价值观贯穿其中，使社会主义法治成为“良法”“善治”。

立法要立良法。道德观念是法律规范的重要来源。自古以来，各个国家一般都把社会中基本的道德规范、重要的公序良俗，通过立法程序上升为法律。我国 2013 年新修订的老年人权益保障法，将子女“常回家看看”正式入法，体现了中华民族孝老爱亲的传统美德。但也有一些法律法规的某些具体条文和内容，存在与社会主义道德规范和核心价值观要求不协调、

链接

新修订的老年人权益保障法充分体现道德关怀

2013 年 7 月 1 日，新修订的老年人权益保障法正式施行。这次修订，突出了道德关怀、精神赡养的作用，如第十四条规定：“赡养人应当履行对老年人经济上供养、生活上照料和精神上慰藉的义务，照顾老年人的特殊需要。”第十八条规定：“家庭成员应当关心老年人的精神需求，不得忽视、冷落老年人。与老年人分开居住的家庭成员，应当经常看望或者问候老年人。用人单位应当按照国家有关规定保障赡养人探亲休假的权利。”这些条文，体现了中华民族敬老、养老、助老的传统美德，弘扬了“老吾老以及人之老”的社会文明之风，受到了广大老年人和万千家庭的高度关注和由衷支持。

不“合拍”甚至相悖的问题。在完善法律体系过程中，应加强与道德的协调和衔接，将实践中广泛认同、较为成熟、操作性强的道德要求及时上升为法律规范。还应注重对法律的道德效果和道德风险的评估，对有违道德要求的法律法规及时废止或修改，使法律体系更加彰显道德的力量。

执法要扬正气。执法既是法律行为，也体现鲜明道德导向。严格公正执法，是对法律尊严的捍卫，也是对先进道德的彰扬；而执法不严不公，是对法律尊严的无视，也是对恶行的纵容、对美德的贬损。必须通过执法行为，发挥法治扶正祛邪、激浊扬清的社会功能，促进清风正气的弘扬。执法要严格公正，对侵害公共利益、人民权益和社会秩序等行为及时予以规诫遏制，弘扬真善美、打击假恶丑。执法要文明规范，体现人文关怀，既遵从法律标准又符合道德标准，既于法有据又合乎情理，防止粗暴执法、野蛮执法，使执法活动获得坚实的道义基础。

司法要辨善恶。司法断案最能体现法律惩恶扬善的功能。要坚持公正司法，依法制裁和惩处各种违法犯罪行为，让人们在每一个司法案件中都感受到公平正义，感受到善有善报、恶有恶报。法律很多时候只能作出原则性规定，而在司法实践中会遇到各种各样的具体情况，这就要求司法人员正确行使自由裁量权，按照社会主义核心价值观要求，作出公正合理的裁决，真正起到引导社会向上向善的效果。要加大司法公开力度，加强对司法活动的监督，坚决惩治司法腐败，更好地守护公平正义、弘扬美德善行。

四 怎样用法治手段解决道德领域突出问题

2014年1月，中央文明办、最高人民法院、公安部等部门共同会签了《“构建诚信、惩戒失信”合作备忘录》。这个备忘录，依照有关法律规定，针对失信被执行人推出了多项信用惩戒措施，如禁止乘坐飞机、列车软卧，限制贷款或办理信用卡，不得担任企业高管等。这一法治措施有效打压了“老赖”们的生存空间，让其为自己的失信行为付出代价，也有力弘扬了诚实守信的道德风尚。这说明，法治是保障和促进道德建设的有效手段。

道德是柔性的自我觉悟，源于人们良心的感召。而对于缺少道德自觉的人，道德教育容易变得软弱无力。当前，面对形形色色的利益诱惑和不良思想的影响，一些社会成员的道德防线轰然倒塌，失德行为屡有发生，人民群众反映强烈。对于那些伤风败俗的丑恶行为、激起公愤的缺德现象，单靠道德教育、叩问良心已经远远不够，必须运用法治手段进行治理，对失德败德者进行惩戒约束，对违法犯罪者进行严厉打击。

明规矩，划定行为底线。没有规矩，不成方圆。法律是底线的道德，也是道德的屏障。要重视把一些基本的道德规范上升为法律规范，让人们清楚地知道哪些事能做、哪些事绝不能做。要明确对失德行为的惩戒措施，让道德动摇之人心中有所忌惮，促进良好社会风气的形成。要针对目前突出的诚信缺失

图说

《中国公民出国（境）旅游文明行为指南》

中国公民，出境旅游，注重礼仪，保持尊严。
讲究卫生，爱护环境；衣着得体，请勿喧哗。
尊老爱幼，助人为乐；女士优先，礼貌谦让。
出行办事，遵守时间；排队有序，不越黄线。
文明住宿，不损用品；安静用餐，请勿浪费。
健康娱乐，有益身心；赌博色情，坚决拒绝。
参观游览，遵守规定；习俗禁忌，切勿冒犯。
遇有疑难，咨询领馆；文明出行，一路平安。

问题，抓紧建立覆盖全社会的征信系统，健全公民和组织守法信用记录，完善守法诚信褒奖机制和违法失信行为惩戒机制，使人人不敢失信、不能失信。

惩劣行，形成警示效应。孔子说：“化之弗变，导之弗从，伤义以败俗，于是乎用刑矣。”意思是说，对经过教化还不改变，经过教导又不听从，损害道德败坏风气的人，就要用法律来惩处。要继续深入开展道德领域突出问题专项治理，加强对社会反映强烈的失德行为的整治，依法依规该劝导的劝导、该处罚的处罚。对食品药品等领域见利忘义、制假售假的严重无良行为，要加大执法力度，加强日常监管，查办大案要案，让败德违法者受到惩治、付出高昂代价，发挥对整个社会的警示和教育作用。

> **问与答**
>
> **问：**什么是征信系统？
>
> **答：**征信系统是专业化的、独立的第三方机构建立信用档案和基础数据库，依法采集企业、事业单位等组织、个人的信用信息，并依法向信用使用者提供信用报告的系统。2006年，中国人民银行建成了全国集中统一的金融信用信息基础数据库（即企业和个人征信系统）。截至2014年6月底，征信系统共收录法人1940多万户，上半年日均查询27万次；收录自然人8.5亿，上半年日均查询106万次。2014年，以阿里巴巴为代表的电商平台贷款业务，实现与央行征信系统的接入。

彰善举，弘扬美德义行。俗话说，好人有好报。但现实中也有时出现好人吃亏、流血又流泪的情况。长此以往，必然寒了好人的心，寒了整个社会的心。我们屡屡看到老人跌倒路人不敢扶的报道，就说明了这个问题。法律法规必须树立鲜明道德导向，保障实现善有善报、恩将德报。世界上很多国家都有保障助人者权益的法律。我国大多数省区市也制定了奖励和保护见义勇为的政策法规，深圳市还制定了《深圳经济特区救助人权益保护规定》来为好人提供法律保护。要继续完善这方面的法律法规，化解好人的道德风险，保障好人的合法权益，褒扬好人的道德行为，引导全社会崇德向善。

法安天下，德润人心。千百年来，围绕法律与道德的话题经久不衰。今天的中国，让法治的阳光普照，让道德的清风吹拂，每个人的追梦之路、整个民族的追梦之路必将更加亮堂通畅。

深阅读

·《关于培育和践行社会主义核心价值观的意见》，《人民日报》2013年12月24日。

10

善为国者必先治其身

——怎样理解党规党纪严于国法

治国必先治党，治党务必从严，从严必靠严明纪律。我们党作为中国特色社会主义事业的领导核心，只有以更严的党规党纪来要求自己、约束自身，才能确保始终走在时代前列，肩负起历史使命。党的十八届四中全会《决定》强调指出，“党规党纪严于国家法律，党的各级组织和广大党员干部不仅要模范遵守国家法律，而且要按照党规党纪以更高标准严格要求自己”。这一鲜明的论断，体现了党要管党、从严治党的内在要求，对新形势下党的各级组织和广大党员干部提出了新的更高要求。

一 为何党内法规是建设法治中国的有力保障

国有国法，党有党规。在革命战争年代，我们就是靠严明的党规党纪维护党的集中统一，保持党的凝聚力、战斗力。党取得执政地位后，国家法律和党内法规共同成为党治国理政、管党治党的重器。经过长期的实践探索，我们党已初步形成了党内法规制度体系框架，为党的领导和执政活动、党内政治生活、党的建设等各方面工作奠定了重要制度基础。

历史经验表明，党内法规是管党治党的重要遵循。按照党内法规把党建设好，锻造出领导法治建设的中流砥柱，才能为全面推进依法治国、建设法治中国提供有力保障。

党内法规是依法治国进程中必须遵循的重要依据。党的领导是中国特色社会主义的最大特色、最本质特征。全面推进依法治国，既要求党依据宪法法律治国理政，也要求党

晒政策

党的十八大以来颁布的部分党内法规文件

- 2012年12月，《十八届中央政治局关于改进工作作风、密切联系群众的八项规定》。
- 2013年11月，《党政机关厉行节约反对浪费条例》。
- 2014年1月，《党政领导干部选拔任用工作条例》。
- 2014年2月，《配偶已移居国(境)外的国家工作人员任职岗位管理办法》。

依据党内法规管党治党。正因为如此，党的十八届四中全会明确的全面推进依法治国的总目标，在提出的建设“五大体系”的任务中，就包括完善党内法规体系的任务。这就要求我们在推进中国特色社会主义法治体系建设中，既要不断完善中国特色社会主义法律体系，还要不断完善党内法规制度体系。

党内法规是实现国家治理现代化的重要引领。党不治，则国不治；党无纲常，则国无纲常。中国共产党作为执政党，在国家治理中发挥着统揽全局、协调各方的领导核心作用。只有党内法规制度建设搞好了，党的各级组织和全体党员干部自觉依照党规党纪和国家法律法规办事，国家治理体系和治理能力现代化才能实现。因此，必须在宪法法律基础上提出更加严格的党内制度约束，提高党的执政能力和执政水平，推动国家治理逐步现代化。

党内法规是促进国家法律法规实施的重要保障。党制定党内法规，调整党内关系、规范党内生活，为党组织和党员提供行为遵循；党又领导人民制定宪法和法律，调整社会关系、规范社会秩序，为公民、法人和其他组织提供活动依据。党内法规和国家法律法规都是党和人民意志的反映，二者在本质上是一致的。历史经验告诉我们，如果党内法规执行得好，国家法律法规就能得到较好的遵守；如果党内法规执行得不好，国家法律法规的权威也树立不起来，依法治国也就无法实现。因

链接

中国共产党章程

中国共产党章程，是以马克思列宁主义、毛泽东思想和中国特色社会主义理论体系为指导，结合党的建设的实践而制定的党的生活准则和行为规范。现行党章于党的十八大进行了部分修改，于2012年11月14日通过。除总纲外共11章53条。规定了党的纲领、组织机构、组织制度、党员的条件、党员的义务和权利、党的纪律等内容。党章是最根本的党内法规，全党必须一律严格执行。党的各级组织和广大党员干部都要自觉学习党章、遵守党章、贯彻党章、维护党章，自觉加强党性修养，增强党的意识、宗旨意识、执政意识、大局意识、责任意识，切实做到为党分忧、为国尽责、为民奉献。

此，全面推进依法治国，必须努力形成国家法律法规和党内法规制度相辅相成、相互促进、相互保障的格局。

二 为何党规党纪比国家法律要严

“治国者先受制于法。”“政者，正也。子帅以正，孰敢不正。”“欲肃民风先正官风。”我国古代这些治国理政的名言警句都说明了一个道理：只有对治理者首先提出更严格的要求，国家才能治理好。

我们党是执政党，是肩负神圣使命的政治组织，只有严明党规党纪，才能保证党的事业有发展壮大的不竭力量。正所谓，“正其身者，方能正人”。基于此，党的十八届四中全会《决定》旗帜鲜明地指出：“党规党纪严于国家法律。”目的就是把党规党纪笼子的眼儿编得更小、标准更严，切实把权力关进制度的笼子里。

这是由党的先锋队性质决定的。我们党是按照自己的政治纲领、政治路线，为实现崇高的政治目标而组织起来的马克思主义政党，是中国工人阶级的先锋队，同时是中国人民和中华民族的先锋队，是由先进分子组成的政治组织。“树德莫如滋，除害莫如尽。”只有党规党纪严于国法，以更严的标准要求和约束各级党组织和广大党员干部，才能永葆党的先锋队性质。

微评

- 国法就是“国标”，是公民必须遵守的底线；党规是党员的标准，一定严于“国标”，否则党就难以保持先进性。
- 有令不行、有禁不止，党规党纪就成了“稻草人”。
- 作为一名党员，纪和法是两个分不开的字眼，守法应先从守纪开始。
- 党有党规、党员有党纪，这是中国特色，也是中国优势。
- 坚持“铁八条”、坚决反“四风”，向问题叫板，让群众叫好。
- 党员不能混同于老百姓，增加的是义务，减少的是权利。

图说

基层党员学党章

2014年11月以来，福建省长乐市江田公安边防派出所党支部联合辖区共建企业单位党支部，组织新老党员认真学习修订后的《中国共产党章程》。图为公安边防派出所党员与辖区企业党员一起学习《中国共产党章程》。

这是由党的执政使命决定的。我们党肩负着领导13亿多人民建设中国特色社会主义、实现中华民族伟大复兴中国梦的历史使命，责任重大。“不以规矩，不能成方圆。”党规党纪的存在，就是让每一位党员铭记自己肩上的责任和特殊的使命。在领导人民全面推进依法治国的进程中，党规党纪严于国家法律，对党员领导干部提出了更高更多甚至更为严苛的要求，这对巩固党的执政地位、完成党的执政使命来说，是理应如此、不言而喻的。

这是由党员的先进性决定的。党员是有着特殊政治责任的公民。国家法律是全体公民必须遵循的行为底线。党规党纪对党员的要求严于国家法律对普通公民的要求。认同和接受党规党纪的规范和约束，是对每位党员入党的基本要求。当你握紧拳头向党旗庄严宣誓时，就意味着主动放弃一部分普通公民享有的权利和自由，就必须多尽一份义务，就要在政治上讲忠诚、组织上讲服从、行动上讲纪律。党员干部尤其是高级干部放弃的要更多，责任和担当要更大。有些事情，普通公民可以做，党员就不行。因此，自觉严格遵守党规党纪，是每一位党员的自愿选择，也是对党的庄严承诺。

三 怎样进一步完善党内法规

党规党纪的完备程度，是我们党成熟与否、执政能力高低的重要标志。今后不管发展到什么阶段，都离不开完备的党规党纪。总的来说，经过长期的实践探索，党内法规制度体系框架已经初步形成，为我们管党治党提供了重要遵循。

同时也要看到，党内法规制度建设还存在着一些亟待解决的问题。比如，一些法规不适应新形势、新任务的需要，没有与时俱进；个别工作领域还没有制定出相应的法规制度；一些法规的配套规定或实施细则还不完善；部分法规之间的衔接不够，存在着分散、矛盾、冲突等问题；一些法规落实不到位，没有发挥应有的作用，法规制度的执行仍然存在形式主义、执行不力等问题。对这些问题，要采取措施切实加以解决。

近年来，我们对党内法规建设高度重视。2012年5月，中央出台了《中国共产党党内法规制定条例》，被称为党内的“立法法”。党的十八大以来，党内法规制度建设不断加快推进，特别是2013年11月，又颁布了《中央党内法规制定工作五年规划纲要（2013—2017年）》，明确了这5年党内法规建设的目标任务。要按照党的十八届四中全会精神，根据《条例》和《规划纲要》的要求，立足当前、着眼长远、统筹推进，确保到建党100周年时，全面建成内容科学、程序严密、配套完备、运行有效的党内法规制度体系。

抓紧完善党内法规制度体系。长期以来，党内法规制度建设取得很大进展，现行有效的中央党内法规有1部党章、2

链接

完善党内法规制度建设的工作目标

在对现有党内法规进行全面清理的基础上，抓紧制定和修订一批重要党内法规，力争经过5年努力，基本形成涵盖党的建设和党的工作主要领域、适应管党治党需要的党内法规制度体系框架，使党内生活更加规范化、程序化，使党内民主制度体系更加完善，使权力运行受到更加有效的制约和监督，使党执政的制度基础更加巩固，为到建党100周年时全面建成内容科学、程序严密、配套完备、运行有效的党内法规制度体系打下坚实基础。

——摘自《中央党内法规制定工作五年规划纲要（2013—2017年）》

声音

党员干部要以更高标准要求自己

李雪勤（中央纪委研究室主任）：各级党组织和广大党员干部是治国理政的主体力量，在立法、执法、司法、守法的各个环节中发挥着中坚作用，只有受到党规党纪和国家法律的多重有效约束，依法治国才有保障。党员干部带头执行法律，更加严格要求自己，在遵纪守法上作出表率，能够同违法乱纪行为作坚决斗争，才能真正发挥模范带头作用，为实现全民守法带来积极有力的影响。

部准则、22 部条例，还有近百件规则、规定、办法、细则等。应根据形势发展的需要，切实做好党内法规的立改废释工作，研究制定一批基础主干性党内法规，整合形成一批综合性党内法规，抓紧制定一批实践急需的党内法规，及时废止或修订一批不适应现实需要的党内法规，有效解决党内法规制度中存在的缺失、“碎片化”和“老化”等问题。

及时将实践成果固化为制度。长期以来，我们在加强和改进党的建设上探索了许多成功做法，积累了许多宝贵经验。要认真加以总结并上升为法规制度。特别是党的十八大以来，我们党坚持党要管党、从严治党，出台八项规定，狠抓作风建设，部署开展党的群众路线教育实践活动，深入推进反腐败斗争，采取了一系列有力举措，取得了管党治党的明显成效。对这些有效做法和举措，应进行认真梳理，以党内法规的形式固定下来，形成长效机制。

着力提高党内法规的执行力。制度的生命力在于执行。再好的制度不执行、形同虚设，就一定会形成“破窗效应”。党规党纪也是如此。如果执政党连自己的党规党纪都守不住、执行不下去，那么依法执政就是一句空话。要切实肩负起党要管党、从严治党的责任，以严的标准要求党员、严的措施管住干部，确保党规党纪成为刚性约束，决不能成为“稻草人”。

问与答

问：什么是“破窗效应”？

答：“破窗效应”是犯罪学的一个理论。该理论认为：如果有人打坏了一幢建筑物的窗户玻璃，而这扇窗户又得不到及时的维修，别人就可能得到某些示范性的纵容去打烂更多的窗户。久而久之，这些破窗户就给人造成一种无序的感觉，结果在这种公众麻木不仁的环境中，违法违纪行为就会滋生、猖獗。“破窗效应”用以说明，不良现象如果被放任存在，会诱使人们仿效，甚至变本加厉。

四 党内法规为何要同国家法律衔接和协调

近两年来，党中央、中央纪委、中央各部门对新中国成立至 2012 年 6 月期间出台的 2.3 万多件中央文件开展了全面筛查。共梳理出党内法规和规范性文件 1178 件，经过清理，废止 322 件，宣布失效 369 件，继续有效的 487 件。清理工作的一项重要内容，就是清理那些同宪法和法律不一致、同国家相关法律法规交叉重复的文件，保证党内法规与国家法律的衔接和协调。

党的十八届四中全会提出，要“注重党内法规同国家法律的衔接和协调”。国家法律对全体社会成员的行为具有普遍约束力。党规党纪着重规范党的政治纪律、组织纪律，保证党员坚定理想信念宗旨、保持优良作风、坚守道德操守。为什么要强调党内法规同国家法律的衔接和协调呢？

提高管党治党水平，需要党内法规同国家法律衔接好、协调好。我们党是一个有着8600多万党员的大党，党员数超过很多欧洲大国的人口数量。在当前情况复杂多变的国内外环境中，管党治党任务极其繁重。要把党建设好，提高党的执政能力，一方面要按照党规党纪来约束党组织和党员干部，另一方面要保证党组织和党员干部在宪法和法律的范围内活动。这就需要注重党内法规同国家法律的衔接和协调，既保证党组织活动和党员行为符合党规要求，同时又遵循法律规范。

推进国家治理体系和治理能力现代化，需要党内法规同国家法律衔接好、协调好。当前，与新形势新任务新要求相比，我国在国家治理体系和治理能力方面还有许多地方亟待改进。从国家治理体系来看，国家法律法规和党内法规是两个重要依托；从国家治理能力来看，核心是提高党的依规治党能力、依法执政能力。要推进国家治理体系和治理能力现代化，就必须在完善国家法律体系的同时完善党内法规体系，实现两者的有效衔接和有机统一。

完善中国特色社会主义法治体系，需要党内法规同国家法律衔接好、协调好。这是因为，我们的法治体系是由法律规范体系、法治实施体系、法治监督体系、法治保障体系、党内法规体系五个部分组成的有机整体，党内法规体系必须同其他四个部分相协调，特别是要同国家法律相协调。但目前还存在

链接

清理党内法规和规范性文件的三种处理方式

——凡文件主要内容同党章和党的理论路线方针政策相抵触，或同宪法和法律不一致的，文件已明显不适应现实需要的，文件已被新的规定涵盖或替代的，一律废止。例如，20世纪五六十年代一些中央文件关于刑事案件处理程序的规定，与目前刑事诉讼法的规定相抵触。这类文件都在此次被废止之列。

——凡调整对象已消失、文件事实上已不再执行的，文件适用期已过的，有关事项或任务已完成、文件不需要继续执行的，一律宣布失效。例如，20世纪50年代中央出台了一系列关于党内监察委员会的规定，由于目前党内不再设立监察委员会，这些文件事实上已失效。

——凡文件内容不存在问题的，或者虽存在一些问题但不影响继续执行的，或者目前尚无其他文件可以替代、废止时机条件还不成熟的，继续有效。文件内容存在一些问题，需作修改，但修改前也继续有效。例如，1959年《中央关于统一管理党、政档案工作的通知》等，虽有一定历史痕迹，但主要内容和精神仍然适用。

链接

清理党内法规和规范性文件需要“过五关”

第一关：确定清理范围。中央办公厅会同国家档案局，对新中国成立至2012年6月期间出台的2.3万多件中央文件进行全面梳理，将其中规范党组织工作、活动和党员行为的1178件党内法规和规范性文件纳入清理范围。

第二关：部门审核。综合考虑文件调整事项目前的主管权属，中央办公厅将清理文件分送50多个中央有关部委和单位，对相关文件进行审核，研究提出初步清理意见。

第三关：集中审核。中央办公厅会同中央纪委机关、中央组织部、中央宣传部、中央统战部等成立集中审核工作组，对有关部委和单位提出的初步清理意见进行研究论证，对清理文件逐件进行审核，形成拟废止、宣布失效、继续有效三个文件目录。

第四关：征求意见。中央办公厅将上述三个文件目录分送有关部委和单位征求意见，形成一致的文件清理处理意见。

第五关：审批发布。中央办公厅起草清理决定稿，按程序报请中央审批通过，以中共中央文件形式发布。

衔接不够、协调不够的地方，如部分党纪规定与法律重复，有些党纪规定需要转化为法律法规，等等。要从完善中国特色社会主义法治体系的高度，注重党内法规与国家法律的衔接和协调，合力推进依法治国的进程。

怎么实现党内法规与国家法律的有机衔接呢？必须坚持以党章和宪法为基本遵循，将党章规定的“党必须在宪法和法律的范围内活动”和宪法规定的必须坚持党的领导的原则，贯彻到党内立规实践中，保证党内法规制度体系与中国特色社会主义法律体系内在统一。应切实做好党内法规的立改废释工作，对于党规党纪中虽有规定但可以由法律法规进行规范的，尽量通过法律法规来体现；对于法律既没有规定也不适合规定的事项，应由党内法规逐步实现全面覆盖；对于同实践要求不相适应的党规党纪，应及时修订或废止；对于立法法明确规定应由国家法律规定的事项，党内法规不应作出规定；对于那些经过实践检验应转化为法律的党规党纪，应及时通过法定程序将其转化为国家法律，逐步形成党内法规与国家法律的衔接机制。

深阅读

《中央党内法规制定工作五年规划纲要（2013—2017年）》，人民出版社2013年版。

后记

参加本书起草和修改工作的有：何亦农、王君琦、杨章裕、郭宇光、杜飞进、李雪勤、黄太云、陆国强、梁鹰、李岳德、窦朝晖、宋功德、李文胜、王道勇、张廉、商志晓、吴宏亮、洪向华、伊涛、黄相怀、张晓琴、孙存良、刘伟、骆梅芬、廖凯锋、李海军、刘旺洪、凌新、王黎黎、杨金颖、肖志清、罗焕星、李晓霞、范明志、杨静、张志强、崔博、于宏伟、潘波、范希春、徐笑古、李毅、尹天五、张翔、蒋斌、张瑞才、张际、许光洪、王承哲、廖生彪、曾维伦、史守林、刘富炜、陈湘文、包家竹、崔友平、杨雪冬、郑水泉、李立峰、叶海涛、常培育、陈继宇、刘雪斌、李亚彬、李泓磊、郭海军、张含、秦立富、翟国强、樊泽民、郇雷等同志。何成、徐春生、侯军、田园、谢祥等同志自始至终参加了调研、起草、修改和统稿工作。

本书在编写过程中，得到了中央有关部门和部分单位负责同志以及专家学者的大力支持。中央纪委、中央政法委、全国人大常委会办公厅、全国人大常委会法工委、最高人民法院、最高人民检察院、司法部、国务院法制办、中国思想政治工作研究会等部门和单位，穆虹、蒋建国、汪永清、何毅亭、杨振武、乔晓阳、李适时、王伟光、徐显明、姜伟、李捷、沈春耀、信春鹰、胡云腾、王洪祥、王利明等同志提出了宝贵的意见。本书编写工作由王晓晖、夏伟东、周爱兵同志主持。

编　者

2015年1月

图书在版编目（CIP）数据

法治热点面对面：理论热点面对面.2015/中共中央宣传部理论局著.-- 北京：学习出版社：人民出版社，2015.1

ISBN 978-7-5147-0520-1

Ⅰ.①法… Ⅱ.①中… Ⅲ.①社会主义法制－法制教育－普及读物 Ⅳ.①D920.5

中国版本图书馆 CIP 数据核字(2015)第 001505 号

法治热点面对面——理论热点面对面·2015

FAZHI REDIAN MIANDUIMIAN——LILUN REDIAN MIANDUIMIAN·2015

中共中央宣传部理论局

责任编辑：边　极　任　民

技术编辑：周媛卿　王晓勇　贾　茹

装帧设计：华鲁印联（北京）科贸有限公司

封面设计：杨　洪

出版发行：学习出版社　人民出版社

北京市崇外大街 11 号新成文化大厦 B 座 11 层（100062）

010-66063020　010-66061634　010-66061646

网　　址：http://www.xuexiph.cn

经　　销：新华书店

印　　刷：北京联兴盛业印刷股份有限公司

封面印刷：济南众森印务有限公司

开　　本：710 毫米 ×1000 毫米　1/16

印　　张：10

字　　数：95 千字

版次印次：2015 年 1 月第 1 版　2015 年 1 月第 1 次印刷

书　　号：ISBN 978-7-5147-0520-1

定　　价：18.00 元